桜井章一
藤田晋

JN223935

運を支配する

GS
幻冬舎新書
373

まえがき

藤田　晋

僕が雀鬼会《じゃんきかい》の桜井章一会長と出会ったのは学生時代のことで、もうかれこれ20年くらい前になります。無敗伝説で知られる桜井会長は、当時から麻雀の世界では超がつく有名人でした。

その頃の僕は麻雀にどっぷりはまっていて、ほぼ毎日朝から晩まで雀荘に入り浸っていました。僕の青春は、ほぼ麻雀一色です。もっと麻雀が強くなりたい——そう強く願った僕は、「雀鬼」と呼ばれる稀代《きたい》の勝負師がどのような麻雀を打つのか、素朴な関心から東京・町田にある雀鬼会の道場に通うようになりました。

期間としてはわずか1年ほどでしたが、桜井会長から教わったことは、少なくありません。そして麻雀で培った経験は、いまでも仕事をする上で大きく活かされています。

そもそも僕がなぜ桜井会長とこのような本を出すことになったかというと、麻雀における運やツキの流れ、勝負勘といったものは、仕事に置き換えて解説できるのではないかという思いがあったからです。その点においては麻雀を知らないビジネスマンでも、勝負の世界に身を置いてきた桜井会長から学べることは多いと思います。

また、仕事や経営といったものが、成績がいい順に結果を出せるのであれば、猛勉強をしてきた大学教授やMBA保持者がトップに躍り出るはずですが、現実はそうではありません。頭がよくて才能もあり、かつ人一倍の努力をしても、運やツキといった目に見えない流れを読む勝負勘がなければ、それらをフルに活かすことはできないのです。

しかしながら、運やツキ、勝負勘といったものは、なかなか合理的には説明しづらいものです。そこでこの本では、「20年間無敗の男」とも呼ばれる桜井会長の言葉を、僕が主にビジネスマン向けに翻訳し、分析していくということを試みました。

実際、麻雀というものをつぶさに見ていくと、ビジネスの縮図のようなものがあちこちに垣《かい》間《ま》見《み》えます。要約すると次のようになります。

①どんな牌《パイ》が配られるかわからない「**不平等**」なところからスタートする。

②一定のルールにのっとり、配られた牌をもとに、いかに人より早く大きく上がれるかの「**相対的な競争**」になる。

③局の進行、相手との点棒差など刻一刻と状況が激しく変化する中で、冷静で素早い「**状況判断力**」が問われる。

④4人に1人しか上がれないため、大半の時間は「**忍耐力**」を要する。

　これらの特徴は、ビジネスとよく似ています。ビジネスは「不平等」でありながら、「相対的な競争」であり、常に「状況判断力」が求められ、最後は「忍耐力」が勝負の分かれ目だからです。本書の中で多く触れていますが、僕はそれらの大半を麻雀から学んだといっても過言ではありません。

　桜井会長から学んだことで、仕事や人生でとくに大きな影響を受けたものは何かと問われれば、「己を律する」ということ、それから「正々堂々と戦う」の2つだと思います。

　麻雀が弱い人は、己の欲望に負ける人です。本書で桜井会長が「洗面器から最後まで顔を上げなかったものが勝つ」と述べているように、麻雀は我慢比べみたいなところがあります。

　ビジネスにおいて早く楽になりたいと勝ちを急ぐ人も、負けが込んで挽回《ばんかい》しようと熱くなる人も、「己を律する」ことができない人は結局、欲に呑《の》み込まれて自滅していきます。

　またビジネスをしていると、ズルをしたり人を騙《だま》して稼ぐほうが得をして、誠実にやっているほうが損をしているように見えることがあります。

　しかし、卑怯《ひきょう》な手を使う側に回りたくなる誘惑に負けてしまったら、そこでおしまいです。人からの信用を失うばかりでなく、たとえ成功しても、幸せを感じることはできないでしょう。

　僕は「正々堂々と戦う」ことが、最後は一番強いと信じています。

僕は学生時代以来、遠ざかっていた麻雀を、最近また始めました。

すると、学生のときにはわからなかったビジネスとの類似点がたくさん見えてきました。そして自分が知らず知らずのうちに麻雀で学んだものを、仕事においても活かしてきたことに気づかされました。再び麻雀の魅力に引き寄せられた僕は、かつて雀鬼会に所属し、桜井会長のもとで学んだ頃と同じように、真剣勝負に取り組み始めたのです。

麻雀から遠ざかって20年近くたちますが、僕がビジネスの世界で培ってきた勝負勘は、今度は麻雀のほうで活きたようです。２０１４年、麻雀界の日本一を決める権威ある大会「麻雀最強戦２０１４」に出場し、並み居るトップレベルのプロ雀士を相手に優勝を果たしました。

いまの僕は経営者でありながら、現役の「麻雀最強位」のタイトルホルダーでもあります。そんなタイトルを持った経営者は前代未聞だと思いますが、自分の中では麻雀と経営が互いにフィードバックし合い、高め合う緊密な流れを強く感じています。

目に見えない運やツキの流れとは何か。それは仕事においてどのような形で表れ、活かされ、コントロールできるのか。本書からそのヒントを感じ取っていただければ、とてもうれしく思います。

運を支配する／目次

編集協力　髙木真明

1章 ツキを整える

シンプル

勝負は複雑にすると負ける――桜井章一

ゲームや賭け事で初心者が大勝ちしたり、大金を稼いだりすることがある。いわゆるビギナーズラックと呼ばれるものだ。しかし、これは単にツイていたというレベルの話では実はない。ビギナーズラックは起こるべくして起こったことで、決して偶然ではない。

ビギナーズラックは麻雀というゲームにおいても、しばしば起こる。麻雀の手には難しいものからやさしいものまで多彩なバリエーションがある。だが、ビギナーにとってはどれが難しい手なのか、やさしい手なのかわからない。

つまり、ビギナーは難しい複雑な手が選択肢の中にないので、必然的にシンプルな手をもってくる。それが結果的に勝ちへとつながるのだ。

勝負には複雑にしたほうが負けるという普遍的な法則がある。「シンプル・イズ・ベスト」なのだ。

なぜシンプルなほうがいいのか。

それはシンプルな手にはムダがなく、速く動けるからだ。

ビギナーズラックをもたらすシンプルさは、「難しく考えない」ことからくる。すなわち、勝負を複雑にせずシンプルにするには、余計なことは考えず、感じたことを大事にすることだ。知識や情報といったものが増えると、どうしても考えが広がって選択肢がたくさん現れる。その分、迷いが生じ、決断に時間がかかることになる。

ものごとをシンプルにできる人と複雑にしてしまう人の違いはそこにある。

我々が生きている社会は複雑極まりない。人間の科学文明の進化とは複雑化の過程そのものであって、その最先端が現代である。それゆえに複雑化したり、抽象化することは、この上なく高尚なことだという思い込みを多くの人は持っている。

そういう社会に生きていれば、おのずと複雑化する思考の習慣や癖が体に沁《し》み込むようについてしまうのは仕方ないことかもしれない。

雀鬼会（麻雀を通して若者たちの人間力を鍛えることを目的として設立された道場）の道場生たちに、私がシンプルにやっていることを同じようにさせると、あっという間に複雑な操作を加えたりする。つまり、頭で考えたちょっとしたテクニックを入れてしまうのだ。だが、小手先のテクニックなど簡単に見透かされ、崩される糸口を相手に与えるきっかけにしかならない。

シンプルにするということは簡単にすることだ。勝負を簡単にできれば勝つに決まっている。私が「簡単なものが大事」というと、「簡単なものほど、実は難しかったりするんじゃないですか？」と聞いてくる人もいる。しかし、それは考えすぎだ。簡単なものは簡単。そのままなのだ。それを小賢《こざか》しくひねって複雑にするから負けてしまうのだ。

ところで運というものに対して、多くの人はどこか不合理で理性でははかれないものというとらえ方をしていると思う。

だが、運は決して理性でつかめない不合理なものではない。たとえば、ある人に運がくるのは、そこに運がやってくる必然の道筋があるからだ。ただ、その道筋は誰にでもはっきりと見えるというものではない。

私は運は自ら呼び寄せるものではなく、「運がその人を選ぶ」と思っている。

普段からしかるべき準備をし、考え、行動をしていれば、おのずと運はやってくるものだからだ。同じ量のエネルギーを注いでも、間違った考え方のもとに正しくない行動をすれば、当然運はやってこない。

こうした日々の生きる姿勢におけるちょっとした差によって、運はやってきたり、こなかったりする。

「なぜ、俺はこんなにツイていないんだ！」と嘆く人は、嘆く前に自分がとってきた行動を振り返ってみるといいだろう。

調子がいいときに、驕《おご》った気持ちになって仕事を軽く見ていなかったか？ 自分の損得ばかり考えて周りの人への配慮が足りないことはなかったか？ いつも安全策ばかり講じてリスクをとることに及び腰ではなかったか？

たいていこういう人は何か間違った言動を仕事や対人関係においてとっていたりするものだ。現実にそのようなことをしていながら、「俺はツイていない」と嘆く人は、ただ運に責任転嫁しているだけなのだ。つまり自分の至らなさや過ちを正面から見たくないから、運のせいにしてしまうのである。

このような人はまた、他人が仕事などでうまくいったのを見ると、「あいつは運がいいよ」という感想を抱くことが多い。もちろん、その人にはうまくいった人がどれだけ努力をしたかが見えていないし、見ようともしない。運のおかげと思えば、自分の怠慢や間違いを見つめずに済むのだ。

運は決して不合理で理解しがたいものではない。日々の行動や平素の考え方、仕事や生活に対する姿勢……そうしたものが運という形をとって表れるだけのことなのだから。

運というのは極めて具体的で、かつシンプルな原理で動く。奇跡のように思えることでも、その例外ではない。そこをきっちり認識していれば、運に妙な幻想を抱いたりして惑わされることはないのだ。

シンプルが一番強い――藤田 晋

麻雀に限らず、さまざまなギャンブルでは、ビギナーズラックという現象が確かによく起きるものです。僕も麻雀をしていて、そういう光景を何度も目にしました。

株の投資などでビギナーズラックを経験した人もいるのではないかと思います。

家族でよく使っている外食チェーン店はいつも行列ができるほど賑《にぎ》わっている。だからこの会社はこれからもっと大きくなるんじゃないか。この会社の商品は昔から素晴らしい。最近評判を落として株価が下がっているようだけれど、本来こんなに安いはずがない……。そんなふうに気になる会社をチェックし、割安な気がして投資をするのです。それで上がったところで、パッと売って利益を出す。

株の初心者は売買でどのくらい儲《もう》かるものなのか、どのくらい損をするものなのかが実感としてないので、いい意味で淡泊です。だから欲を出して深追いしないし、それがまたいい結果になる。株は欲を出してもっといけると思っていると、そのうちズルズルと下がって、売りどきを見失うことが多いからです。

ビギナーズラックで儲かった人は、ついつい「株って簡単」と思いがちです。そして、ちゃんと勉強すれば、株でもっと儲けられると考えるのです。ところが、PER（株価収益率）をはじめとするさまざまな投資指標や、マクロ経済のことを詳しく勉強し始めると、株価が素直に見られなくなってきます。「知識」が多くなると、ビギナーズラックのときのシンプルな感覚をなくしてしまうのです。

また、株価が安いと思っていたのにさらに下がったとか、もう十分に高いと思っていたのにさらに上がったという「経験」を経て、何が正しいのかわからなくなっていきます。そして株は「安いところで買って、高いところで売る」というごくシンプルな基本を忘れ、十分高い株価であっても、いろいろな情報を得ることで自分なりの付加価値をつけて「この株はもっと上がる」などと判断してしまうのです。

仕事も同じです。たとえば会社で、ある人が知識や経験のないサービス部門の仕事を任されたとします。最初のうちは「自分が客だったらこうしてほしい」という素直な気持ちで仕事をしていたら、ビギナーズラック的にうまくいくこともあるでしょう。ところが、そのうち、この部門をもっと拡大するにはどうすればいいかということを考え始めます。取引先や上司と交渉して新規プランの立ち上げを画策したり、コスト戦略を推し進めたり、さまざまな手を考え、実行します。そして、そうこうしているうちに人手が足りなくなったりコストが合わなくなったりして、きちんとしたサービスをすることの重要性を見失ってしまう。

ビジネスの世界は複雑怪奇です。最初は純粋な気持ちを誰もが持っているのに、「知識」が増えるに従って、どんどん混乱し、脱線していき、迷路の中に迷い込んでいきます。「経験」を積んでいく中で痛い思いをしたことで、何に対しても変に懐疑心を抱いたり、守りの姿勢を強める人もいます。

もちろん仕事をしていく上で、「知識」と「経験」は必要です。でも、自分が難しく考えすぎていると感じたら、昔、率直にものごとを見ていた頃のシンプルな感覚を思い出し、そこに戻るといいと思います。

僕は、ベンチャー投資が得意分野で、自分が投資を判断したもので過去10年間に400億円以上の利益を稼ぎ出していますが、その投資手法は簡単で、シンプルに安いと感じたときに買って、高いと感じたときに売っているだけです。

また、サイバーエージェントの経営戦略を決めるときも、最後はシンプルに考えて決めるようにしています。ビジネスは複雑化すればするほど、シンプルにものごとを見ることが極めて重要になってきます。携帯電話がガラケーからスマートフォンに移行する流れが始まったときも、市場性がどうだとか、需給関係のバランスが悪いだとか、その流れを素直に見ることのできない専門家がかなりいました。当時ガラケーが衰退し、スマホは伸びるという流れは、素人が見ても自明のシンプルな話だったにもかかわらず、です。

専門家は、ものごとを難しくとらえる傾向にあります。なぜなら当たり前のことをいったら、自分の存在価値がないからです。

だから僕は、シンプルに考える必要があるときは、専門家の話はあまり聞かないことにしています。

結局はシンプルに考え、シンプルに行動するのが一番強いのです。知識や経験が増えてくるとさまざまな選択肢ができて、欲や恐れが迷いにつながります。だから最後は、専門家の意見に頼るのではなく、自分を信じる心の強さを持つことが必要なのです。

変わり目

ツイてる相手との戦い方――桜井章一

代打ちの真剣勝負をしていた頃、私には、勝負にのぞむ際に今日の自分の運量がどのくらいあるのかが直感的にわかっていた。自分だけでなく対戦相手の運量についても、それは同じだった。目が放つ光の強さや表情、立ち居振る舞いといったことから「相当持っているな」とか、「それほどでもないな」ということがなんとなく伝わってくるのだ。

そして実際に打ち始めると、すぐに勝負の前に感じた相手の運量を裏づける感想を毎回持つに至った。牌の打ち方や目の配り方、駆け引きの癖といった細かい一つひとつの動作は、はっきりと、その人の実力だけでなく、運の勢いをも表すからだ。

そうやって、相手と比べてこちらは運量が20多いとか、反対に15少ないといった判断を毎回していた。

こちらの運量が多いときは、気さえ抜かなければ勝てると思っていたが、問題は相手の運量のほうがひどく多いときだ。実力的にはこちらより下でも、神がかり的にツイている相手に対しては、ちょっとしたミスが致命傷になることもある。

相手の運量が多いときにはどうするか。運量が多い相手は勢いがあるので、序盤から流れは相手側にある。ところが、運量というのは一定しているわけではなく、状況の変化、流れの変化に応じて微妙に変わってくる。

私は運量だけではなく、運が持続する時間も併せて読んでいた。たとえば「相手とこちらの運量の差が20とすれば、後30分くらいはこの勢いが続くな」といった具合だ。そう思っていれば、30分の間形勢が不利でもどこか余裕を持って打てる。

そうやって相手の運量に圧《お》されても、調子を狂わすことなく耐えしのべば、「いま、運量が変わったな」という「変わり目」が必ずやってくる。その瞬間を逃せば、また相手の運量はあっという間に元の勢いに戻るかもしれない。そうなる前にすかさず潮目の変化をとらえるのである。

この「変わり目」をいかにとらえるかで、流れは大きく変わってくる。それまでは耐えに耐え、潮目が変わったと感じた瞬間に一気に勝負に出るのだ。そこで相手の運量とこちらの運量はさっとすり替わるのである。

仮に相手の運量に圧倒され、土俵際《どひょうぎわ》まで追い込まれようとも、じたばたすることはないのだ。私の中にはそもそもピンチもチャンスもない。ピンチは私にとって、単なる劣勢という状況でしかない。

たとえこちらに一分の利しかないような劣勢であっても、「変わり目」を的確にとらえて逃さなければ、形勢を一気に逆転することはできる。劣勢とはそんな可能性をいくらでも孕《はら》んでいるものだと思っていたので、焦ってピンチと感じるには至らなかったのである。

「自分のタイミング」で勝負しない——藤田 晋

麻雀というゲームは4人でするものです。ですから上がる確率は、単純にいうと4分の1です。ネット麻雀は勝率などのデータが全部出てくるのですが、かなり強い人でも3割程度。これは裏返していうと、麻雀は7割以上は上がることができないゲームということです。にもかかわらず、素人は毎回自分が上がろうと勝負したがるのですが、それでは負けてしまいます。勝負所がやってきたら勝負し、そうでないときはじっと耐えなければなりません。

耐えるといっても、やることはたくさんあります。ディフェンスをしたり、苦労してつくり上げた手を崩したり、甘い牌を切らないようにしたり。そんな地味な時間を、いかに集中力を切らさず耐えられるかが大事になります。

ところが、多くの人は勝負の「タイミング」でもないのに、痺《しび》れを切らして勝負に出てしまうのです。もちろんそれでは自滅してしまいます。

会社の経営者というのは、社員や株主、マスコミなどさまざまな人からいつも見られているので、そういう意味では華やかな立場と思われがちです。

しかし、毎日やっていることは極めて地味なものです。ただ淡々と仕事をしている。麻雀でいうと、耐えている時間がほとんどです。会社を始めて17年になりますが、そのほとんどが耐える時間で埋まっているようなものです。僕が書いた2冊の本、創業から黒字化するまでを描いた『渋谷ではたらく社長の告白』（幻冬舎文庫）と、黒字化してからAmebaを立ち上げるまでを描いた『起業家』（幻冬舎）を読んでもらえばわかるのですが、内容の大半は我慢と苦悩の日々であり、それが現実なのです。

だけど、そこで焦ったり、不安にかられて無理をしてはいけません。勝負所がくる前に勝負をすれば、本当の勝負所で動けません。〝そのとき〟がくるまで、仕事の質を落とさないよう、しのいでいる人にしかツキはやってこないのだと思います。

そうして耐えている時間は、勝負の感覚でいうと、形勢不利の立場に置かれているように感じます。でも、仕事をしている時間の大半が耐えている時間だとすれば、むしろそれが普通の状態なのです。

ところが、功を焦って「自分のタイミング」で動こうとする人がいます。

同僚が活躍しているのを聞いた、友人の話に刺激を受けてこれまでとは違う働き方をしたくなった、日曜日の夜にたまたまテレビ番組「情熱大陸」を見て感動した、等々、状況的に勝負のタイミングがきたわけでもないのに、勝手な主観で勝負に打って出ようとするのです。要するに冷静な状況判断ができていないのですが、こういう「功を焦る」人は結局、自滅していきます。

社会人1年めのスタートダッシュなど、誰にでも共通して勝負所といえる時期はありますが、それ以外は自分の勝負所がくるのを待つしかありません。耐えている時間は長く感じますが、世の中の風はいつかは必ずこちらに吹いてきます。

誰にでも1年に一度くらいは、何らかの勝負所がやってくるでしょう。〝そのとき〟を見極め、タイミングを外さず勝負できるように、常日頃から準備を怠らないようにしておかなければいけないのです。

サイバーエージェントは2000年に東証マザーズに上場してから3年ほどの間、赤字でした。2004年に黒字転換するまでの間は、一番耐えた時期といえるかもしれません。

その間、長い事業となる仕掛けをいろいろつくっていたわけですが、今日投資したものが明日成果を出すわけではありません。同業の経営者たちが華々しい活躍をする中で投資家から散々批判され、焦りから自分のタイミングで思わず勝負を仕掛けたくなったときもありました。

しかし、その気持ちをぐっと抑え、社内の制度を整えたり、人材育成に力を入れたりするなど、ディフェンス面を固めていきました。それでも勝負に出たくなる気持ちを抑えるために、ゴルフを始めたりして仕事から気をそらし、時間をやり過ごしたりもしました。

しのぎにしのいで、やってきたチャンスを逃さず、勝負をして勝った。それをもって人は「あいつは運がいい」と評したりするのですが、これは別に幸運がたまたまきたわけではありません。ですから僕には「自分のタイミングで勝負せず、〝そのとき〟を見極め、運に合わせている」といったほうがしっくりくるのです。

自滅

負けの99%は自滅である

桜井章一

生きていることとは、薄氷《はくひょう》の上に立っているようなものだ。なぜなら人は、誰かから何かされなくても自ら墓穴《ぼけつ》を掘るようなことを勝手にしてしまう生き物、すなわち自滅する能力に長《た》けているからだ。これは別に皮肉でも何でもない。過去の幾多の勝負から私が身をもって学んだ真実である。

代打ちの勝負の多くは世間の常識を超えるような凄《すさ》まじい大金や利権が賭けられ、それゆえに文字通り命を賭けた戦いも少なくはなかった。ほとんど睡眠もとらず2日、3日と続く勝負もあった。そんな真剣勝負においては、水を張った洗面器に顔を突っ込み、最初に顔を上げたやつが負ける。そんな骨身を削る、血の匂いがするような凄絶《せいぜつ》な戦いもあれば、ときには淡々と静かな緊迫感のうちに進んでいく対局もあった。

その中で私が感じたことは一つ。激しい戦いも大きな風が巻き起こらない一見クールな戦いも、負けのほとんどは自滅という事実だ。

ほぼ互角の打ち合いでも、息がちょっと上がったり、リズムがおかしくなってちょっと失策をやらかすだけで、あれよあれよという間に対戦相手が崩れてしまう。こちらが勝負をかけなくても、勝手に相手が卓の向こうで音もなく沈んでいく。そんな光景を何千回、何万回目にしたことか。それを見て私は、負けというものは99%が自滅であることを悟ったのだ。

負けの99%は自滅。このことは麻雀に限らず、スポーツでもビジネスでも生き方でも、人が関わるすべてのものにいえることではないだろうか。実際、スポーツでも、ビジネスでも、あらゆる世界で繰り広げられている勝負をつぶさに見ていくと、自滅で「負け」を引き寄せているパターンが圧倒的に多いことに気づく。

わざわざ自ら負けようと思う人はいないのに、なぜ自滅してしまうのか。それは「勝ち」を求める思考や行動のあり方にすでに自滅の要素が含まれているから、としかいいようがない。「勝ち」に囚《とら》われるあまり、おろそかになってしまうものがどれほどあることか。焦りや緊張、不安や迷いといったマイナスの感情も起きるだろう。それによって行動や思考が正しい筋道を辿《たど》れなくなることもあるだろう。ミスを犯しても気づかず、修正を怠ることもあるだろう。視野が狭くなって大局観を誤り、相手への気遣いをなくし、信頼を失うこともあるだろう。そんな一つひとつの積み重ねが自滅へのループを確実に描いていくのだ。

私の本をかつて出したある出版社の社長が、「負けの99%は自滅」という言葉を目に留め、

「気をつけないと……」と自戒したそうだ。だが、その会社はのちに倒産した。自戒しても自滅に至る落とし穴はあまりにも多く、そのすべてに気づくのは、そう簡単なことではないということだ。

「洗面器から最初に顔を上げたやつが負ける」——藤田 晋

「洗面器から最初に顔を上げたやつが負ける」。忍耐力でもって、ここまでやってきたと思っている僕にとっては腹に響く言葉です。企業社会はいうまでもなく競争社会ですが、言い換えれば、それはどれだけ忍耐力があるかを競うことでもあります。

みんな最初のほうはぐっと耐えていたのに、我慢できなくなってどんどん顔を上げていく。これまでの自分の仕事人生を振り返ると、まさにそんなふうに感じます。

たくさんいた同世代のライバルたちは、僕が抜いたのではありません。勝手に落ちていったのです。

仕事のレースで脱落していく人を順番にあげると、①忍耐力のない人、②目標設定の低い人、③固定観念が強くて変化できない人、になると僕は思っています。

②の低い目標を達成して満足している人は、高い目標を目指して必死にあがいている人には

かないません。達成するかしないかの前に、モチベーションと努力の大きさで差が開きます。また目標を高くして頑張っても、③の固定観念が強いあまりに変化を恐れる人は早晩行き詰まります。しかし、何より最初に脱落するのは、①の忍耐力のない人です。忍耐力のない人は、競争に勝つことができないのです。

企業社会における競争には「こうすれば結果が出る」という決まったルールはありません。正解をあれこれ探しながら、たとえ正解が見えなくとも、ともかく結果を出す。そのための忍耐力なしには、競争に勝つことはできません。結果がなかなか出なくても、結果を出すまでいかに耐えられるかが問われるのです。

競争相手がぐんぐん力をつけて周りから評価された、ヒットを出した、新しい事業を立ち上げて注目された、そういうときは焦って浮足立ちます。浮足立つと自分のペースを見失い、そこで忍耐が途切れます。そして自分の力を超えた無理なことをし始め、コントロールを失う。行き着く先は、自滅です。

かくいう僕自身も、つい浮足立ちそうになったことは過去に何度かあります。次々とM&Aを仕掛けながら急成長するライブドアに世間の注目が集まっていたとき、うちもやらなければいけないんじゃないか？――そう思って気持ちが揺さぶられたこともありました。株価が長らく低迷して株主たちから強い圧力をかけられたときも、間違った選択をしそうになりました。

競争相手を見て浮足立って動くのは、非常に危険です。あくまで地に足を着け、自分のペースを崩さず、その中で主体的にコントロールしていかないといけないのです。

浮足立ったまま攻勢を続ける人は、短期的には華々しい成果を出して注目されたりしますが、結果的には自滅のパターンに入っていくものです。それはプレッシャーに負け、短期的な評価という誘惑に負け、早く楽になりたいという、ただの「忍耐切れ」だからです。

過去にサイバーエージェントに対し、激しく競争意識を燃やす会社が次々とM&Aの動きをしてきました。企業のM&Aの世界では、業界2位と3位が合併すれば、その合計で1位を追い抜けるという考え方があります。教科書通りにいくなら、あらゆる業界で2位以下が合併すれば、すぐにシェアが入れ替わるのですが、もちろんそんなに簡単にはいきません。ライバル会社は結果的にことごとく自滅していきました。

結局それは、早く楽になりたいという欲望、世間に評価されたいという誘惑に、経営者が負けてしまっているのだと思います。僕からすれば、その姿は「洗面器から顔を上げてしまった」ように見えました。「忍耐強さ」は新入社員から経営者まで、仕事をしていく上で欠かせないものなのです。

逆風と順風

逆風こそ順風

桜井章一

順風はプラス、逆風はマイナス。そんなことは疑う余地もなく当たり前のことだとみんな思っている。だが、それがひっくり返る瞬間はないのだろうか。

実は私の勝負人生は、「逆風こそ順風」という逆説を地でいくような瞬間の連続であった。

あえて順風を捨て、逆風を選び取っていくことで、私は勝負における修羅場という修羅場のすべてをくぐり抜けてこられたと思っている。

たとえば、こんなことを想像してみてほしい。

ここに順風のカードが10枚、逆風のカードが10枚あるとする。仮にこの中から10枚のカードを選んで人生という双六《すごろく》の駒を進めていくとしよう。

そのとき、あなたはどういう組み合わせで順風のカード、逆風のカードを選ぶだろうか。おそらく一番多いのは、10枚すべてが順風のカードというケースだろう。あるいは「すべての持ち札が順風だと面白くない。1、2枚はスパイスとして逆風のカードを交ぜよう」と考える人もわずかながらいるかもしれない。

私ならこのとき順風のカードを2、3枚、逆風のカードを7、8枚選ぶと思う。なぜなら「逆風のほうが自分の可能性を大きく広げるきっかけを間違いなく与えてくれるし、実際逆風のほうが順風より遠いところに自分を飛ばしてくれる」と思っているからだ。

そのことを如実に教えてくれるのは、スキーのジャンプ競技だ。

スキージャンプにおいて逆風は浮力となり凧《たこ》のように選手を高く上げ、それによって遠くまで飛ぶことを可能にする。反対に順風はむしろ浮力を抑え、飛距離が伸びないのである。

スキージャンプが教えるこのことは、見事に「逆風の真実」を教えてくれる。「逆風こそ順風」とは逆説などではなく、ある瞬間に起こりうる紛れもない真理なのだ。

私が順風よりも逆風を好むのは、そのほうが単純に面白いからでもある。順風のときは何もしなくても風に乗ってさえいれば、前へ飛ばしてくれるようなところがある。ところが逆風のときは限られた時間内でいろいろなことを同時に工夫していかなくてはいけない。その追い込まれた状態が、オセロの石の色を一気にひっくり返すような爆発力を生み出すのだ。

崖っぷちに追い込まれたようなピンチこそ、私にとってはいつもこの上ない順風であったのだ。

順風の中で危機感を抱けるか――藤田 晋

うちの会社では若くても能力の高い社員を、突然子会社の社長に抜擢《ばってき》することがあります。そのとき二通りの反応があります。一つは「やったあ〜社長になれた！」といって、ものすごく喜ぶ人。もう一つは「社長になっちゃったよ……」といって、うれしいという感情が湧く以前に、責任とプレッシャーを強く感じている人。

どちらが会社を伸ばすかというと、間違いなく後者です。「社長になってしまった、やばい……」と思っているのは、自分が下手な経営でもしたら会社を潰すかもしれないし、とんでもなく多くの人に迷惑をかけるかもしれないという危機感を強く抱いているからです。そしてなんとかしなくてはと自分自身が全力を出しきり、そんな姿勢が伝わって、一緒に働く仲間の能力も存分に引き出すことができるのです。

サイバーエージェントは普段は自由で個人の意思を尊重する会社ですが、僕は数年に一度、とくに業績が落ち込んでいるわけでもない部署の人数を半分にしたり、大胆な人事異動をうながしたりして、意図的に組織をかき乱すことがあります。これはマンネリ化してきた組織を活性化させることが狙いですが、たいがいは功を奏します。

人数が大幅に減ったり、キーマンが抜けて危機的な状況になると、最初は「いままでもギリギリだったのに、こんな状況ではとても戦えません！」というように強く反発するのですが、結果的にはその逆境を乗り越えて、さらに強い組織に成長します。残った人たちの中に危機意識が芽生え、能力をフルに発揮することで組織全体が活性化するからです。

人間の能力を100%引き出せるのは、残念ながら、夢や希望に燃えているときではありません。むしろその逆で、危機的な状況に追い込まれているときに100%の力が出せるのです。

仕事が順風満帆のときは、自分たちの力が発揮しきれない状況ではないかと疑うべきかもしれません。仕事が追い風のときはすいすい進んで気持ちがいいものですが、ちょっと油断をするとたちまち急降下することがあります。緊張感が失われていて足をすくわれやすいからです。

反対に逆風は辛《つら》くて苦しいものですが、危機感を持ってそれを乗り越えれば、その過程が厳しいだけに他の人が真似できない、高い次元に到達することができます。

その意味では、うまく利用すれば順風よりも逆風のほうがむしろ遠くへ飛んでいける可能性を持っています。

完全な順風と思われるときは、神輿《みこし》を担《かつ》がれ、踊らされている可能性を疑ってみる必要があります。これは経営者ではよくあるパターンで、周りがどんどん持ち上げてくるので、しまいには「自分ほどの人間が……」といった尊大さを身につけてしまうのです。そうなると、やがてがむしゃらな努力をしなくなり、下から苦しい思いをして頑張って這《は》い上がってきた人に勝てなくなってきます。

順風を単純に順風ととらえていてはダメだということは、プロスポーツなどを見ていてもよくわかります。たとえば、プロ野球で前年度最下位のチームの監督に就任するのと、優勝したチームの監督に就任するのとでは、優勝チームの監督のほうが楽そうに思えますが、実際は大変です。これ以上下がりようのない最下位のチームの監督と比べ、優勝チームの監督は順位を少しでも下げたら批判されるわけですから責任は重く、その分難しい舵《かじ》取りを強いられます。

傍から見れば最下位チームに就任する監督より、優勝チームに就任する監督のほうがツキという点でまさっているように見えますが、最下位のチームは選手も自分たちは弱いと思っているわけですから危機感を持って練習するし、プレーもします。

逆に優勝したチームは慢心している可能性があるし、そうでなくても優勝を目指していた頃の必死さを取り戻させるのは至難の業です。

本当の意味では逆風的な要素は、優勝チームの監督のほうが多くなります。その自覚がしっかりできている監督ほど、優勝チームの力を高いレベルで維持していけるのです。

力み

〝力み〟がすべてを台なしにする

桜井章一

雀鬼流麻雀の真髄《しんずい》は、「力《りき》みをとって打つ」ことにある。いうのは簡単だが、実際、力みをとって柔らかく打つのは非常に難しいものだ。

ときどき道場に来るマスコミ関係の取材者に牌を持って切らせたりすることがあるが、皆《みな》一様に「牌を柔らかく切る動作ってほんとに難しいものなんですね」と感想を漏らす。何千回、何万回と牌を切っている道場生でも、私から見て「力みがなくて柔らかい」と思える切り方をしているものは一人としていない。

私自身ですら、「いまの切り方は完璧」と思えるのは、何十回と切ってそのうち1回あるかないかだ。牌を切るという動作は、それだけ深いものを持っている。それゆえに牌の持ち方、切り方だけで、その人の麻雀の実力はたいがいわかってしまうのだ。

道場では牌を1秒で切ることをルールにしているが、それは「考えないで感覚で打つ」ようにするためだ。

考えると体は必ず硬くなる。それは有利な展開に持ち込もうとか、勝とうという欲がそうさせるのである。体が硬くなれば、当然力みを抜いて柔らかく打つことなどできない。つまり、牌を打つときに考えさせないのは、力の抜けた柔らかい打ち方をさせるためでもあるのだ。

力を抜くことは、麻雀に限らず、スポーツでも仕事でも生き方でもすべてに通じる、とても大切なことだ。

力が入っているものは、一見強く頼もしく感じられるが、壊れやすい。スポーツを見ていると、そのことがよくわかると思う。緊張したり、勝ちを急ぐあまり力みの入った動きをする選手はどこかで必ず崩れたり、ミスをする。力みのないしなやかな柔らかさこそ、実はもっとも強いのである。

ここまでいえば、察しのいい人は欲と運の関係がどういうものか、わかると思う。

欲が強すぎると、往々にして人は欲そのものに囚われてしまう。欲に囚われた状態が続けば、強い力みが生じ、目標や願望の対象に辿りつく前に挫折や失敗を繰り返してうまくいかない確率が高くなる。

では欲をあまり持たないほうが願望や目標を達成しやすいかというと、それもまた微妙だ。なぜなら欲を抑えたほうがいい結果になると思うこと自体、一つの欲望のあり方だからだ。

仮に何か強い願望なり、高い目標なりを持ったなら、とりあえず頭の片隅にしまって、そんなことは忘れたかのように生きていくことだ。欲望を抱く対象を普段は意識しないことが、力みをなくすコツなのだ。そして日々、やるべきことを我を忘れてやり続ければ、望んでいることがいつの間にか形となって姿を現すのである。

力が入ると勝負に勝てない――藤田 晋

僕はサッカー観戦が好きなのですが、サッカーの試合を見ていると、力んでいるチームはだいたい負けます。もう後がない、ここで負けたらおしまいだというときほど、変に力が入りすぎて、格下のチーム相手でも負けてしまう。

うちの社員にも、力みすぎて空回りしている人がたまにいます。本人は力んじゃいけないと思っているのかもしれませんが、結果が出ないと焦ってさらに力むという悪循環を起こしている人は意外と多いものです。

そもそも力んで仕事がうまくいかないタイプは、自分に執着している人が多い。「〝俺が〟この仕事を取るんだ」とか「〝自分の〟目標を絶対に達成してみせる」といった感じで、〝俺が〟〝自分が〟というモードが前面に出ているのです。

反対に自分のことより全体のことを考えている人、たとえば属しているチームが目標に到達することを念頭に置いて頑張っている人は、不思議と力みがないものです。

うちの会社の創業期に、「自分の力が存分に発揮できそうなベンチャーで仕事がしたい」と大企業から転職してきた人がいました。最初のうちは期待して見ていたのですが、「ベンチャーの仕事はこうでなくちゃいけない」という強い思い込みと情熱で、周りをどんどんおかしな方向に巻き込んでいるのです。「みんなもこうするべきだ」といって、自分の仕事のやり方を部下に押しつけガンガン働かせるのですが、結果がなかなか出ません。みんなの不満と疲労は増す一方で、「もう限界」というスタッフも現れ始めました。

何度注意しても聞かないので、「こいつはもうダメかもしれない」と見かねた僕は、「仕事のやり方が変わらないなら辞めてもらう」と強い調子で告げました。本人は「自分は正しい」と信じて一生懸命努力しているわけですから、かなりショックだったと思います。

ところが、それがきっかけになって仕事のやり方や姿勢が百八十度変わりました。組織のベクトルに合わせるようになり、自分ではなく、会社やチームを優先してものごとを考えるようになったのです。

催眠術から目が覚めたように転職してきてからの力みがとれ、「人ってここまで変わるんだな」と思うほどの変わりようでした。本人も後から「自分は勘違いベンチャー野郎だった」と反省していましたが、その後はめざましい活躍をし、経営本部を担当する常務取締役にまでなっています。

当時の彼は自信がなかったのだと思います。自信がないから自分を必要以上に奮い立たせ、その結果、目一杯力んでしまっていたのでしょう。

僕も大学を出て就職したばかりの頃は、自信はありませんでした。でも結果としてよかったのは、力んでいなかったことだと思います。1年めは、毎朝始発で会社に行って終電まで仕事をし、1年間一日も休まず働きました。その後、その働きぶりが認められて、出資を受けて起業するに至るわけです。そういうと、将来起業するために頑張っていたと思われがちですが、そうではなく、ただ会社から与えられた毎月の目標をクリアすることにはまって、夢中になって仕事をしていただけです。むしろ僕にライバル意識を抱いていた同期のほうが力んでいたかもしれません。入社時から頭の中にあった「会社をつくるんだ」という思いは、桜井さんがいうように「頭の片隅にしまって忘れたかのように」なっていたのです。

勝ちたいという欲が強すぎると、力みが入って勝てないというのはその通りだと思います。一方で、ただただ勝ちたいと思っている人が強いのも確かです。勝ちたいと思いながら、力みをとる。つまり、頭の片隅に勝ちたいという思いをしまって、忘れたかのように淡々とやるべきことをやる。それが結果を出すかどうかの、大きな分かれ目なのだと思います。

見切り

見切りのタイミングを間違えるな

桜井章一

麻雀の勝負においては、リスクを恐れない勇気と見切る力の2つが勝負の行方を大きく左右する。この2つをバランスよく持っていることが当然一番望ましいのだが、勇気はあっても、見切る力が弱い人がけっこう多い。

見切る力を伴わない勇気というのは、えてして蛮勇《ばんゆう》になりがちだ。

見切る力は、何かを捨てなければいけない決断に際して発揮されるものなので、どこか後ろ向きにとらえられがちだ。それゆえ、あまり磨かれないのかもしれない。

見切る力がないために、致命的なミスを犯し、負けてしまうことはよくある話だ。

それがわかりやすい形で出るのが、ギャンブルの世界だ。より大きな成果や報酬を求めるあまり、引き際を見切れず、墓穴を掘るケースが非常に多い。

ところで見切りには、「いい見切り」と「悪い見切り」がある。

「悪い見切り」には、大きく2つのパターンがある。一つは勝負において劣勢に回り、挽回を早々にあきらめてしまうケース。もう一つは、反対に戦況が優位に進み、「これで勝負はもらった」とばかり最終局面で見切ってしまうケース。

この2つのパターンがダメな理由は、いずれも勝負を途中で投げているからである。どんなに不利な戦況でもそこからひっくり返すチャンスはあるものだし、反対にほぼ勝ちそうな展開でも、最後の最後でまさかの逆転をくらうことはありうるのだ。

一方の「いい見切り」は、登山にたとえるとわかりやすい。

山の気象は急変しやすい。苦労して登ってやっと頂上が見え始めたときに、にわかに雲行きが怪しくなってきた。そのとき「こんなにきつい思いをして登ってきたんだから、ここで引き返すわけにはいかない」と思ってそのまま頂上を目指せば、激しい雷雨や強風に見舞われ、遭難の危険すらある。

そのように命に関わるときには、「勇気ある撤退」という見切りをすることがとても大事なのだ。

仕事でも、見切りのタイミングを間違えて、身を滅ぼす人がいる。

大きな成果を求めて必死に頑張っているものの、なかなか思うようにいかない。ここで退却すれば大きな損失が出てしまう。あきらめるわけにはいかない、なんとかしなくてはと踏ん張るが、残念ながら目標は当人の能力をはるかに超えている。深追いすればするほど損失は膨らむばかりなのに、後に引き返せない。このようなときは、できるだけ早くいい見切りをして、あきらめるべきなのに、それができないのである。

「このまま前に進むべきか？」、それとも「あきらめるべきか？」。2つの選択肢を目の前につきつけられることは、生きていればいくらでもある。

いい流れをつくっていくには、要所、要所で生じる迷いを、いかに素早く見切るかということも大切だ。

捨てたり、あきらめる代わりに、別のいいことがあったり、何か大事なものが守られるのだという発想の転換が柔軟にできるかどうか。そのことが、いい見切りをしかるべきタイミングでしていく決め手となるのである。

「見切り」には予めルールをつくっておく——藤田 晋

仕事において「見切り」という判断はとても重要です。見切りがうまくできなかったために損失を膨らませてしまうことは、誰しも経験していることでしょう。

会社を潰してしまう原因の多くは、見切りの悪さです。逆にいえば、うまく見切ることができていれば、会社というものはなかなか潰れません。でも、まだうまくいく可能性が残されているのに、そこで見切るかどうかの判断は非常に難しいものです。

経営をしていると、事業が伸び悩んだとき、それを続けるべきか見切るべきかという判断を迫られる局面にしばしば直面します。

それに携わっていた人たちの顔を思い浮かべると、彼らにもうちょっと賭けてみようかと思ったり、これ以上やると悲惨なことになるかもしれないという気持ちにかられ、損切りして新しいことに取り組んだほうがいいのではないかと考えたりと、決断に際してはさまざまな思いが去来します。いざとなると、簡単にスパッと見切ることはなかなかできないものです。

きわどいところで踏ん張ったらうまくいったという粘り勝ちのパターンが頭をよぎります。逆に粘ったことでずるずる損失を膨らませて辛い思いをしたパターンも頭をよぎって悩みます。

チームワークがよくて、みんな気持ちよく仕事をしているときほど、見切りのタイミングを先送りしがちです。雰囲気を悪くしたくないからです。しかし、それを避けると、今度はずるずると取り返しのつかないところまで行ってしまいます。そうすると仲がよかったチームも最後はもめにもめます。見切るのが辛くて先送りしたのに、後からそれが、何倍も悲惨な状態になって返ってくるのです。僕はそれを何度も見てきているので、スパッと見切ることがどれだけ大切か身をもって学びました。

決断の局面では勝負勘が問われるのですが、どれだけ勝負勘を働かせても、いくら経験を積んでも、「見切り」の判断だけは本当に難しい。あまりにも難しいので、僕は事業に失敗の兆しが見えてきたときに見切るための「撤退のルール」をつくりました。ある期間内にこれだけ赤字になったら撤退とか、何期連続減収・減益になったら事業を見直すといったルールを社内に設けたのです。

これはそもそも、ネットビジネスが失敗するおおよそのパターンが経験則的にわかったために設定できたルールなのですが、それでも撤退基準をつくるのはかなり難度の高い作業でした。でも、このルールをつくり上げたことで、見切りの判断がとてもしやすくなったのは確かです。

通常、株式ファンドの運用では何%以上、下落すると自動的に売却するというルールを設定していますが、「撤退のルール」はこれに近いものがあります。麻雀でも、「ここまで親のリーチがこなければ行かない」とか「カンチャン待ちで役がなければリーチしない」など自分なりの見切るルールを持っている人は強い。なぜなら麻雀はメンタル勝負でもあるのですが、ルールが感情を排したタフな見切りをしてくれるからです。

こうしたルールは判断の難しい局面において、「軸」の役割を果たしてくれます。もう少し粘るという判断を下すにしても、どれくらい許容するのかという考えの土台になるので、ルールがあるのとないのとでは雲泥の差となります。

先ほど述べた当社の「撤退のルール」にしても例外はあります。社運を賭けて立ち上げた

Ａｍｅｂａ事業に関しては、そのルールから除外したのです。

この事業は当社にとってなんとしても立ち上げなければならない事業だったので、「撤退のルール」の対象から外し、４年もの間、赤字を垂れ流し続けました。そして5年めに僕は「これで立ち上げきれなければ社長を退く」と宣言して、自分の進退を賭けていました。

結局、最後に大きな成功を手にしたわけですが、Ａｍｅｂａ事業は黒字になるまでの赤字の期間も気を緩めることなく、引き締まった状態を維持することができました。それは、「撤退のルール」をきちんと守っている事業が社内には他にいくつもあって、それに対して特別扱いをしてもらっているという申し訳ない気持ちが、Ａｍｅｂａの部署内に緊張感を生んだからだと思います。

始める前から「見切り」のルールをつくるというのは、相当大変な作業です。夢と希望にあふれているタイミングで、誰もそんなことを考えたくはない。でもそれをやるかやらないかの差が、その後の運命を左右するのだと思います。

運の総量

運の量は無限である

桜井章一

日常とはたいてい凡庸《ぼんよう》なものだ。そこに突然、降って湧いたように予想もしなかった非常にラッキーなことが起こると、「これって自分が持っている運を前倒しで使っているんじゃないか」という感想を抱く人も中にはいると思う。

昔の人はいいことがあると、「バチが当たる」という言い方をけっこうしていた。私の母などもよくそういっていたのを覚えている。

「自分に与えられた運を前倒しで使っているんじゃないか」「一生分の運を使ってしまったような気がする」。大きな幸運に恵まれてそんな感想を抱く人の心理には、昔の人がよくいっていた「バチが当たる」という思いに近いものがあると思う。なぜならそこには「人が持つ運の量はおおかた定まっている」といった考え方が透けて見えるからだ。

「バチが当たる」という思いの根底には、いいことがあると代わりに悪いことも起こるものだという人生訓がある。いいことがあると悪いことが起こり、反対に悪いことが起こるといいことが起こる。いいことと悪いことが相殺し合うという感覚には、天が人に与えた運の量は皆等しいし、そうあるべきだという道徳的な考え方が感じられる。

しかし、人の運というものは、石油や天然ガスのような有限のエネルギー資源とは違う。つまり、運の量といったものは何も定まったものではなく、その人の考え方や行動によって運に恵まれたり、そうでなかったりするだけのことなのだ。

運に選ばれるような、しかるべき考え方や行動を普段からしている人には、大きな幸運に恵まれてからも続けざまにまた大きな幸運が起こりうるのだ。

そう、生きている間は、運は無限にあると思っていいのである。だが、それはダイヤモンドの鉱脈を掘るように、運の鉱脈をがんがん掘っていけば、ツキまくった人生が送れるという単純な話ではもちろんない。

運は無限かもしれないが、それに恵まれるには正しい選択の積み重ねが必要だし、それに相応《ふさわ》しい苦労や努力といったものが伴うということだ。

ただ、昔の人の教訓のように「そんなにいいことが続くわけがない」と思うのは悪いことではない。人の心は放っておけば、楽なほう、楽なほうへと流れるものだ。大きな運に恵まれると、それに依存して考え方の脇が甘くなり、行動がおろそかになったりする。

いいことは、運が悪いほうへ変わるきっかけにもなる。「いいことは続かない」のは、そのためなのだ。その意味で、「いいことが起こるとバチが当たる」という考え方は、そうならないための戒めとして、決しておろそかにはできないと思う。

「ものすごく運がいい人」が続けていること——藤田 晋

僕は仕事を通して、運の量は無限にあることを実感しています。自慢話みたいで本当は書きたくないのですが、あえていわせてもらえば、自分はずっと運のいい流れに乗っているなと感じています。17年前に3人でゼロから始めた会社がいまでは社員約3000人、売上でいうと年間2000億円を超えています。

その過程で、史上最年少の26歳で上場したときも、売上が5億を超えたときも、10億を超えたときも、100億を超えたときも、いつも「ここが自分の運のピークかもしれない」と感じていました。なぜなら出発点を振り返れば、本当にゼロだったからです。でも、その後も1000億を超え、2000億を超え、会社にはどんどん素晴らしい仲間が集まり、本を書けばベストセラーになり、プライベートも充実し、よき友人にも恵まれ、家庭も円満で、ついには麻雀最強位のタイトルまで獲得しています。

さすがに傍から見れば、「あいつはものすごく運がいいな」と思われても仕方ないかもしれません。しかし、ラッキーパンチのようなツキだけなら、ここまではこられません。

僕には、これまで正しい選択と努力を続け、階段を上るように一歩一歩進んできた感覚があります。「あいつはツイている」と思う人は、いまに至る道筋がよく見えないから、運のように見えるのだと思います。

たとえば、出発点で力が同じレベルにあるAさんとBさんがいるとします。Aさんは正しい選択をし、努力もたくさん重ねているため、伸びている。かたやBさんは間違った選択をしており、当然うまくいかず、同じレベルにとどまったままになります。

最初に開いた2人の差は、ほんのわずかです。しかし成功とはわらしべ長者のようなもので、二乗作用が働くものです。はじめの頃は小さい勝負のステージしか与えられませんが、勝者にはより大きな勝負のステージが次々と用意されます。そこで毎回「正しい選択」と「努力」を続けているAさんは倍々ゲームのように伸びていき、気がつくと途方もないところに行っている。そして、まだ出発点でくすぶっているBさんから見ると、どうやってそこに行き着いたのか見当がつかず、「ものすごく運がいい人」としかとらえようがないのです。

途方もない差をつけられたBさんのような人は、今度は大勝ちを狙ってきます。一発逆転狙いです。しかし負けているときの一発逆転狙いは、だいたい自爆しておしまいになるものです。

人生における運の総量は決まっているか？　これは興味深い問いだと思います。幸せそうに見える人が、実はいろいろな苦労を抱えていた。一方で苦労の多い人生を歩んできた人が、人生の後半になってから運気が上がって幸せな晩年を過ごした。そんな話を耳にすると、人生の収支決算はプラスマイナスゼロなのかなというふうにも思えてきます。実際そういうふうに感じている人はけっこういるのではないでしょうか。

確かに成功を手にすれば、その瞬間、何かを失うというのも事実だと思います。

しかし、僕は人生の収支決算がプラスマイナスゼロになるという、神の絶妙な配分ともいうべきものは実際にはないと思います。そのときに失ったように思えたものは、後から取り戻すことも可能だからです。

もちろん幸せ、不幸せというのは気の持ちようなので、それをどうとらえるかは結局は本人次第ですが、事実としてはプラスマイナスゼロではないでしょう。

「正しい選択」「正しい努力」を続けていけば、運は複利のように積み上がります。結局は、それをどれだけ続けていけるか。それが運の総量を決めているのだと思います。

2章

運をつかむ人の習慣

型を壊す

パターンができたら自ら壊せ――桜井章一

私が標榜《ひょうぼう》している雀鬼流には、武道のような型といったものがない。何か特殊な麻雀の型を教えてもらえると思って道場にやってくる人の中には、学ぶべき型など何もないと知ると、いささか拍子抜けしている人もいる。

もっとも型はなくとも、1秒で牌を切るとか、第一打で字牌《ツーパイ》を切ることを禁じるとか、いくつかの決まりごとはある。これらの決まりごとは勝つことに囚われず、結果に至る過程においてきれいな麻雀を打つために設けた制約といってもいいだろう。そうやってきれいな麻雀を打つ練習を重ねることで、結果的に強い麻雀が打てるようになるのである。

型のある、なしでは、いったい何が違ってくるのだろうか。

たとえば、空手や柔術といった武道に限らず、スポーツにはどんなものにも型がある。その中で練習を重ねていくと、次第に自分のスタイルが磨かれ、「このパターンにはまれば強い」という得意技を身につけるようになる。つまり、それぞれのスポーツが持っている型の中で、さらに自分だけの型を築くのである。

確かにそんな型を持っていれば、勝負においては強みとなるだろう。だが、型にこだわりすぎると、変化に対する柔軟な対応ができなくなる恐れがある。

型は固定観念となり、体や心を硬くする要因ともなる。そのことが変化についていく際のブレーキになるのだ。

この型の話は、何もスポーツに限るものではない。仕事でも生き方でも、このパターンにはまれば、自分の得意な手を発揮できるという型をみんな持っているはずだ。

だが、「型にはまれば強い」ということは、裏を返せば「その型で戦えなければ弱い」ということである。

常に周りの状況が変化していく中で、自分の型にはまるタイミングをじっと待っているだけでは、いつまでたっても本当の強さをものにすることはできない。

いうまでもなく、変化に対しては、自分の都合のよいときを待っていては、いざというときに間に合わない。あくまで変化には柔らかく対応していくことが何よりも大切なのだ。

雀鬼流麻雀が型を持たないのは、「変化を敏感に感じ取り、瞬時に対応できる」感覚と動きを身につけるためである。

人は型をつくると、ついそこに安住してしまう。だが、築いた型にはこだわらないほうがいい。型を惜しげもなく捨てられるかどうかが、その人の伸びしろを決めるといっても過言ではないのだ。

変化慣れが成長をうながす――藤田　晋

僕が麻雀から学んだことは、決して少なくありません。実際、会社の経営にもそれはかなりの部分で活かされています。麻雀のルールには、ビジネスの世界のそれに通じるものがあるからです。

たとえば将棋は対戦相手とまったく同じ駒が与えられますが、麻雀はどんな牌が配られるかわかりません。将棋はフェアな状態で始まりますが、麻雀は不平等な状態でゲームが始まります。不平等な状態で始まって、そこから一定のルールに基づいて、いかに早く、大きく上がるかの競争なのです。

テスト勉強を中心とした学校で教えられるものは、ほとんどがフェアな状態のものです。しかし仕事も人生も、実社会に出てみると、ほとんどは不平等な状態から始まるものではないでしょうか。

僕は学生時代、桜井さんが主宰する雀鬼会にしばらく通ったり、雀荘でアルバイトをしたりと、けっこう麻雀漬けの時間を過ごしていました。でも社会に出てからは時間がないこともあり、長らく麻雀からは遠ざかっていました。

ところが縁あって「麻雀最強戦２０１４　著名人代表戦」に出場することになり、優勝しました。それで４カ月後に行われる、麻雀プロの代表選手を交えた「麻雀最強戦２０１４　ファイナル」への出場権を手にしたのです。そこで、やるなら「麻雀最強位」を目指そうと、それをきっかけに麻雀を本格的に再開しました。そこで驚いたのは、麻雀がこの10年ほどの間にかなりの進化を遂げていたことです。

それは明らかにネット麻雀の影響です。勝ち方のパターンなどいままでよく見えなかったものが統計的なデータで表されるようになり、それをベースにして勝負する風潮もある。そういう中で一つの打ち方のトレンドが出てきたら、それをさらに上回るものがまた生み出されるという目まぐるしい変化も起きている。いままでと同じ打ち方をしていては、研究されて勝てなくなってしまうのです。それはまさに、将棋の定跡《じょうせき》が改善され、どんどん進化していくようなものです。

当初はデジタル的な麻雀に対して僕は否定的だったのですが、いまのトレンドを知ると、データや知識をしっかり把握した上で勝負しなければ、もはやいくら強い打ち手でも勝てないと思うようになりました。トレンドの最先端に追いつこうとして「受験生みたい」と妻にいわれるくらい、家では麻雀の勉強をしています。

麻雀の世界が、型をつくってはまたそれを上回る型をつくるというふうに変化しているように、経営やビジネスの世界でも、それと同じことが起こっています。

僕は最初からベンチャー企業で働き、起業するときもゼロからスタートしたので、自分で組織やビジネスモデルの型をつくったり、またそれを壊したりすることには慣れているほうだと思います。

うちの会社の創業期は、広告代理店業がメインでしたが、インターネットの広告代理店では業界1位だったにもかかわらず、それに甘んじることなく技術者をたくさん集めたメディア企業になるという方向にも舵を切りました。新しい型をつくろうとしたことは、会社も自分自身も大きく成長する機会になりました。

リクルートの創業者である江副浩正《えぞえひろまさ》さんは「自ら機会を創り出し、機会によって自らを変えよ」という言葉を社是として掲げましたが、自分で型を壊して新たな機会をつくることをしていかないと、本当の成長というものはありません。

受験勉強の弊害もあるのかもしれませんが、日本人は既存の型を壊して、新しい型をつくることが苦手です。決まった型での改善とか工夫といったものは得意ですが、破壊的イノベーションのようなものはなかなかできない。

うちの会社では、一つの型にはまって固まらないよう、意識的に変化に慣れるような工夫をしています。たとえば役員会ではみんないつも同じ席に座りたがりますが、毎週同じメンバーが同じ場所に座っていては頭が固くなるので、席順を変えるようにしています。また3カ月に一度は雰囲気を変えるために都心から離れたところに役員合宿に行って議論をします。その他にも社員の席替えは頻繁にあるし、プロジェクトチームのメンバーを入れ替えたり、役員を替えるということも定期的にやっている。それもこれも社員が変化慣れしてくれたらという思いからなのです。

それまでの型を壊して新しい型をつくることは、成長には欠かせません。

一方で矛盾しているようですが、会社ではルーティンなものを手堅くやっていくことも、同時にものすごく大事なことです。ルーティンを確実に繰り返すことで安定的な収益が確保でき、それが会社の土台になるからです。

ただその繰り返しばかりだと頭が固くなり、変化に対して臆病になってしまいます。会社の衰退はそんなところから始まるので、型に囚われず変化していくということを常に考えながら、実践していくべきだと思っています。

勝負所

「不利な状況に強い人」が運を手にする

桜井章一

勝負強いといわれる人には、ある共通する特徴がある。それは「勝負所に強い」ということだ。勝負所というと、多くの人はチャンスのことだと思うかもしれない。だが、チャンスと勝負所はまるっきり違う。本当の勝負所というのは、ピンチの中のピンチ、圧倒的に不利な状況のときにこそ訪れる。麻雀でいうと、自分以外の3人がリーチしている状態だ。相手3人からリーチされてもひるむことなく攻め続け、それをしのいで状況をひっくり返す。そのときの達成感は、普通の「勝ち」の中では決して味わえないものだ。

単にチャンスをとらえ、ここぞとばかり攻めていくのは、私にとっては別に勝負所ではない。やってくるチャンスをものにして勝つことは、私にとっては単純な足し算のようで、あまり面白味がないのだ。

チャンスをとらえて勝つなんて甘い。真剣勝負をしていた頃の私はそう思っていた。好んで自分を厳しい状況に追い込み、そこから逆転して勝利をものにする。切所《せっしょ》をあえて好むような精神がなければ、命がけの勝負などする資格はないと心底思っていたのだ。

「相手が3、こちらが7で有利だから勝負に出よう」というのはチャンスであって、もちろん勝負所ではない。「相手が9、こちらが1という極めて不利な状況」のときこそが勝負所なのだ。

なぜか？　そんな絶体絶命の状況には、一歩後ろに足を引くだけで奈落に落ちてしまうリスクやハンデが無数に潜んでいるからだ。そうであれば、勝負所では全身全霊で立ち向かっていかなくてはいけない。全身全霊というのは、持てる力を100％出し尽くすことだ。

通常、人は真剣にやっているつもりでも、100％フルの力は出ていないものだ。よくてせいぜい70％とか80％といったところだろうか。

勝負所を越えようとするギリギリの力。それは普段なら40キロしか持てない人が、80キロ持てるというような火事場の馬鹿力的なものだ。

もっとも勝負所をしのぐには、圧倒的に不利な状況をひっくり返すだけの力を持っていなければどうにもならない。力がなければ持てる力を100％出せても、とても太刀打ちできない。

崖っぷちで発揮される本質的な勝負力というものは、普段から不利な状況でも逃げずに対処するという姿勢で生きていないと鍛えられない。

苦境にあれば、むしろ好んでその中に飛び込んでいく。そのほうがいろいろな工夫をしたり、やるべきことがたくさんあって私には面白いのである。もちろんそこには「面倒だな」という思いも紙一重であるが、それを覆《くつがえ》したり、克服したときの快感は何ものにも代えがたいのだ。そうやって私は勝負所をしのぐ力を磨いたのである。

たとえチャンスをつかむのがうまくても、勝負所で逃げの態勢になってしまう人は、最終的には勝つことができない。持続的な勝ち運に恵まれるのは結局、勝負所に強い人なのだ。

あらゆる手段で自分を追い込む――藤田 晋

僕の経営を評して「藤田は本当に勝負強い」といってくださる方がけっこういますが、それは大変ありがたいことです。確かに競合している会社からしてみれば、頭脳明晰《めいせき》な社長がいるよりも、やたら勝負強い社長がいるほうが嫌でしょう。

ネットバブルの絶頂期に上場を間に合わせたとき、上場後赤字続きで収益構造的に絶対に黒字化できないといわれながら黒字転換を遂げたとき、利益を出すのが難しいといわれたアメーバブログを大規模なメディアに育て上げたとき、スマホの普及に疑問の声が強かった時期にいち早くパソコンやガラケーからスマホ向けに事業構造をシフトしたとき等々、大きな勝負では必ず勝ってきました。もちろんそれらによって、結果的に会社も大きく飛躍させています。17

年間会社をやってきましたが、こうした大きな勝負所というのは毎年くるわけではなく、数年に1回あるかどうかくらいの感じです。

若い人から、「何をモチベーションに仕事をしているんですか？」という質問をよくされます。その人たちが意識的にしろ無意識的にしろ期待している答えは、「大きな夢を持っているから」というニュアンスのものだと思います。だとすれば、そこは勘違いをしています。

なぜなら現実に「ここぞ」という勝負所で勝つことができているのは、自分で自分を追い込んでいるからです。外に向かって目標を掲げ、投資家をはじめ大勢の人を巻き込み、後戻りできない状況をつくっているからです。

その最中《さなか》にいるときは、下から火であぶられているような感じです。「ここで上へ登る足を止めたら焼け死ぬ」という状況を自らつくっているのです。

こういうときに立てる目標というのは、自分の力をフルに発揮すればギリギリ勝てるという高さに設定されたものです。それが達成されたら、またギリギリの高さの目標を立てる。ベンチャー系の経営者は、そんな感じで目標を立てていくタイプが少なくありません。もちろん中には会社を上場させて金持ちになりたいといったわかりやすい目標を持って起業する人もいますが、そういう人はある程度の資産を手にしたら、そこで達成した気分になってしまって長続きしません。

スマホ向けに事業をすべて入れ替えたときも、失敗すればそれまで築いてきたものを大半失うという大きなリスクを背負いながらの勝負でした。すなわち大きな勝負所というのは、絶えずそれ相応のリスクを伴っているのです。

僕は、人間は基本的に怠惰だと思っています。ですから１００％力を出して頑張ろうと思っても、普段の追い込まれていない状況の中では、実際に１００％なんて出せるものではありません。本当に大きな勝負所では、持てる力を１００％出しきらないと勝てませんが、それには結局、言い訳ができないギリギリの状況に自分を追い込むしかないのです。

サッカーでもＪ１の優勝争いの試合より、これで負けたらＪ２に降格するという試合のほうが見ていて面白いものです。それこそ崖っぷちのところで死にもの狂いで戦っているので選手の動きがよく、見応えもあります。シーズン中もこのくらい必死で頑張っていれば降格危機はなかっただろうに、と思わずにはいられないほどです。

何もいわず黙って実行してみせる「不言実行」は格好よく見えますが、失敗したときに恥をかかずに済むため、逃げ道を残せることになります。

組織においては自分を追い込み、会社全体も巻き込む「有言実行」のほうが結果を出せると考えています。ですから僕は、何か目標を打ち立ててこれからやろうというときは、ブログなどで発信したり、会う人に積極的にしゃべったりして、自分の逃げ道をなくしていくのです。

ゾーン

すべての感情がなくなる「ゾーン」こそ最強――桜井章一

私は自分につけられた「20年間無敗の雀鬼」というキャッチコピーが実はあまり好きではない。私を売り出そうとする出版社をはじめ、マスコミが好きでつけているだけであって、私自身は正直なところそんなものはないほうがすっきりする。それはもう過去のことであるし、また「勝つ」ことが手放しでいいこととは思っていないからだ。

それはともかく、「20年間無敗」というキャッチフレーズが独り歩きしているせいか、人によっては私に対して絶対的な自信にあふれた勝負師というイメージを持っているようだ。

だが、実際は違う。勝負にのぞむ前の心境は、いつも激しい不安との闘いだったのだ。

「もしかしたら今度こそ俺は負けるんじゃないか」――そんな息苦しい不安が頭をもたげたら、今度はそれを打ち消すように「俺の強さがあれば負けることはないだろう……」という気持ちが現れたりして、感情を揺らし続けていた。

ところが、いざ勝負に入ると、そうした不安と葛藤《かっとう》は跡形もなく消え去り、静まり返った気持ちの中で黙々と牌を動かしていた。無論そこには「勝ってやろう」という気負いもなかった。無音の緊迫感の中で私が立っていたのは何の思考も感情も湧かない不思議な場所であった。

この場所を私は「ニュートラルな感覚」と呼んでいる。

最近スポーツアスリートたちが「ゾーン」という言葉を使うことがあるが、ニュートラルな感覚とは、このゾーンに近いものだと思う。ゾーンに入ると、思考や感情の動きが一切ない極度の集中状態にありながら、同時にひどくリラックスしたような気分になるという。

「体に何か特別なことが起こっている」「心と体が完全に一体化していて、ものごとが自分の思い通りに進む」「ワクワクした気分で体が自由自在に動く」等々、ゾーンに入ると、こうした不思議な感覚を体験するという。プロ野球の投手が自分の思い描く通りのボールを投げ続け、一人も走者を出さない完全試合を達成することがあるが、これなどは完璧にゾーンに入り込んだ状態といえるだろう。

ゾーンにしろ、ニュートラルな感覚にしろ、それを言葉で説明するのは難しいが、確かにいえるのは感覚がニュートラルのギアに入ると、信じられないような強さとエネルギーが自分の中から出てくるということだ。

怒りも不安も喜びもすべての感情が消えたゼロの地点、気負いや駆け引きなど一切の思考が静止したゼロの地点。そんなゼロの地点を足場にできたからこそ私は運を引き寄せられ、たまたま勝ち続けることができたのだと思っている。

「ゾーン」に入る仕掛けをつくる――藤田 晋

ビジネスの世界というのは、いかにバランス感覚を持ってやっていくかの連続です。行きすぎてもダメだし、引きすぎてもダメ。評価しすぎてもダメだし、疑いすぎてもダメ。何をやるにもバランス感覚が求められます。

僕は人から「バランス感覚がいい」と褒められることが多いのですが、実はこの「バランス感覚」という言葉が僕はあまり好きではありません。でも、桜井さんのいわれる「ニュートラル」という言葉はものすごくしっくりきます。

「バランス」という言葉からは、ビジネスにおいて双方の利害を当たり障りのないように調整するニュアンスが感じられるのですが、「ニュートラル」という言葉には、全体を見据えた上で中央に自分を置いている印象があります。前者には主観が入っているとすると、後者は無我の境地のようなニュアンスです。

ものごとを俯瞰《ふかん》した上で、第三者的に見る。それがニュートラルに見るということだと思っていますが、その感覚をつかめれば、「自分のこの部分は実力が伴っていないな」とか「この部分はかなりレベルが高いな」といったことが客観的に見えてきます。過大に評価することもなく、もちろん過小に評価する必要もなく、ただただ率直にありのままをとらえることができるのです。

有名な経営者たちに会うと、共通して感じるものがあります。それはほとんどの方が「腰が低い」ということ。つまり謙虚なのです。こちらが何か褒めると、判で押したように「いやいや、とんでもない」というリアクションが返ってきます。

それはたぶん、本当の意味での謙虚ではなく、自分を客観視できているのだと思います。立場上、お世辞をいわれたり、褒められたりする機会が多いので、それにつられて自分や会社を過大評価してしまわないよう気をつけているのでしょう。

「ゾーン」に関しては、普段からニュートラルな感覚を持っている人のほうが入りやすいと思います。「ゾーン」というのは、一種の「没我《ぼつが》の状態」です。だから「自分」という存在を強く意識しているタイプの人は、スムースに「ゾーン」に移行できないと思います。

「ゾーン」に入っているときは、確かに思いもよらぬ力が出たり、自分でもハッとするような成果を出したりします。

うちの会社で一番優秀なプログラマーを見ていると、たまに「ゾーン」に入っているなと感じるときがあります。その間ほとんど寝ず、食わずの状態になるので周りは心配するのですが、本人はまったく平気です。そしてその「ゾーン」の状態が終わったとき、あっと驚くようなレベルの高さのサービスができ上がっていたりするのです。

ＩＴビジネスは、製造業のように毎日決まった時間内に決まった数の製品をつくるという感覚でやっていればよいという仕事ではありません。また完成度が低いものは何個つくったって意味がなかったりする。その意味では「ゾーン」に入るような集中した仕事の仕方ができる人は優秀ですし、結果も出しています。

「ゾーン」というのは、個人で何かをしているときだけのものとは限りません。会社には事業やプロジェクトごとにチームがありますが、たまに恐ろしいほど機能しまくっている、まさに「ゾーン」に入ったチームが出てきます。メンバー一人ひとりが自分の役割を明確に理解し、目標に向かって集中し、ものすごい勢いでアイデアを出し、開発していく。チーム全体がゾーンに入っているのです。そういったチームは奇跡的なプロダクトを生み出したり、大型の受注を決めたりします。そういうチームをたくさんつくれたら理想的ですが、それには複数の条件が絶妙にそろわないといけません。

組織が「ゾーン」に入って最強になるには、チームメンバーがニュートラルにチームの目標と自分の役割を見据え、「没我」になれる状態をいかにつくれるかにヒントがありそうな気がします。

答え

この世に「答え」はない——桜井章一

本当に強い人間は、「勝つ」ということにはあまりこだわりを持たない。「勝つ」ことより、「強さ」を求めるからだ。

だが、「強さ」というものには、そもそも「答え」がない。何をもって強いというのか、どのくらいまでいけば強いといえるのか、的確にその答えを示せるものはいない。

しかし、その「答え」がないということの中に、強さの本質が隠れている。そのことを自分の心と体で感じるしかないのだ。

たとえば、「勝つ」ことは、あくまで限られた土俵の中での相対的な一つの評価にすぎない。それは本質的な強さと、直接結びついているわけではない。「強さ」の答えは「勝つ」ことだと思っている人は多いが、「強さ」というのはそんな表面的なものでは決してないのだ。

「答え」を求めない。それは勝負にまつわることだけでなく、どんなものにもいえる大切なことだ。

いまの社会は人が生きやすいよう、予めたくさんの「答え」を用意してくれているようなところがある。学校で教わる勉強にはすべて答えがあるように、仕事でも生活でも、こうすればうまくいくという答えが用意されている。

「こういう会社に入ればいい生活ができる」「こうすれば仕事がうまくいく」「こうすればお金がたまる」「上手な人間関係を築くにはこうすればいい」「健康で長生きするにはこんなことをすればいい」等々、必要に応じて人はその「答え」を引っ張り出し、それに従って生きようとする。

そんな「答え」をたくさん知っていたほうが、幸せでいい人生が送れると皆思っているが、その考え方自体が、社会が用意した「答え」なのである。

そんな「答え」を正しいものだと信じている人たちもまた、広い意味でマニュアル人間といえるかもしれない。

だが、人間が生きている世界には本来、「答え」などないのだ。

人間とは何か。生きるということはどういうことなのか。宇宙とは何か。無限とは何か。その問題に、科学や宗教の立場から方程式や教義といったものを使って、「答え」らしきものを差し出すことはできる。

でも、それはあくまで部分的な解釈であって、本当の「答え」ではない。というより、最終的な「答え」などそもそも存在しないのだ。

絶対的な「答え」。本当の「答え」。そんなものはどこにもない。人にとって、もし真実の「答え」があるとすれば、それは生きていく中で瞬間、瞬間に感じていくしかないものだ。それは一つの姿にとどまることなく、永遠に変化していくものだ。

無数の「答え」に囲まれながら、「答え」を求めない。それは間違いなく、人を強くするはずである。

「無し」の状態から「答え」をつくる

藤田 晋

ビジネスには「答え」があると思っている人が意外なほどいるものです。おそらくその人たちは学校のテストのように、問題があれば答えがあると単純に思い込んでいるのです。

しかしビジネスというものには、元々はっきりした答えがあるわけではありません。答えのなかったところに誰かの情熱や努力によって答えがつくられることで、たいていのビジネスは成り立っているのです。

僕は会社をゼロからつくるとき、その先に答えがあるかどうか皆目わからないところを手探りで進みました。答えがあるとは限らないことはわかっていました。でも「有り」「無し」がわからないところで、「無し」を「有り」にできると賭けたのです。

答えがないかもしれないことを知っていて、それでも答えを「有り」に持っていこうというのがベンチャースピリッツの本質だと思います。もし答えがはじめからあれば、他のみんなも安心してやるはずですが、ベンチャービジネスをする人間は、それがないところで、自分で答えをつくりにいっているわけです。

うちの会社に入ってくる新人でも、経営者である僕がちゃんとした答えを出せると誤解している人がいます。けれども僕自身、答えを持っているわけではありません。ですが、「答えは必ずある」と信じて勝負しているのです。もちろんみんなと同様、不安はあります。ただリーダーという立場上、暗闇の先にビジョンを掲げ、皆を勇気づけながら率いていかなければなりません。

たとえば、2004年にアメーバブログを立ち上げたときもそうでした。最初の4年ほどは赤字続きでずっと答えを出せず、かなりの苦労をしました。その間、アメリカで先行していたブログのビジネスは、結局満足な利益を出せずに、次から次へとギブアップしていきました。国内を見ても同じ状況でした。最終的には世界中でブログを事業にしてまともな収益を上げようとしている会社は、我々以外にまったくいないという状況になってしまったのです。

そうなると社員たちの間でも、「社長は答えがあるといっているけれど、本当にそうなのか？」「鉱脈を掘り当てようとしているけど、もしかして間違ったところを掘っているのでは？」という気持ちが湧いてきます。

まさに暗闇を歩いているようで、どこに落とし穴があるか、猛獣が潜んでいるか、皆目わからない。疑心暗鬼になっているところで、外部からもっと不安をあおるような声が聞こえてきます。「ブログで儲かっている会社なんて世界中どこにもないよ」「Ａｍｅｂａが黒字化できるはずがない」。そういったネガティブな言葉は、皆が不安を感じているときには大変説得力があるものです。それでもリーダーは「答えはある」といいきるしかないのです。「あそこに必ず到達できるから大丈夫、安心しろ」と断言し、自信満々に振る舞うことがリーダーの務めなのです。

もっともリーダー一人が音頭をとるだけでは、皆を巻き込むことはできません。ビジネスで新しいことにチャレンジしているときは、最初は一人でもいいので、リーダーに同調してくれるフォロワーが必要です。その最初の一人がきっかけになって徐々に周りを巻き込みながら輪を広げていき、大多数の人が「答えは必ずある」と信じるようになる。そして結果的に、「無し」を「有り」に変えることができるのです。

答えがないところで答えを出すというのは、こういうことだと思います。まず自分が「答えは必ずある」と熱狂するところから、すべては始まるのです。

修羅場

絶対的な窮地で自分を試す

桜井章一

「修羅場で冷静さを失うことなく対処するには、どうすればいいんでしょう？」

代打ち稼業で麻雀の苛酷《かこく》な真剣勝負を重ねてきたというイメージがあるせいか、そんな質問を昔からよくされる。一言でそれをいうのは難しいが、少なくともいえるのは、修羅場に呑み込まれてしまったら最後、その人は下手すれば二度と立ち上がれない傷を負うということだ。

修羅場はそれに相応しい苛烈《かれつ》極まりない顔をしていることが多いが、ときには修羅場とは気づかせない優しい顔をしながら、真綿《まわた》でゆっくり首を絞《し》めにかかってくるような性格のものもある。

修羅場というものは往々にして突如として牙をむくから、心はどうしても激しい動揺をせざるをえなくなる。その結果、心の目盛りが一瞬にして振り切れ、真っ白な状態になってしまうことがある。

それにしてもなぜ精神が混乱してわけがわからなくなる状態を「頭の中が真っ白になる」と

表現するのだろうか。状況やものごとがまともに見られなくなるなら、「頭の中が真っ黒になる」と表現したっていいではないか。

それにはちゃんとした理由がある。雪山で猛烈な吹雪に襲われるホワイトアウトという状況では前後、左右の感覚が完全になくなってしまう。すべてが真っ白な空間というのは真っ暗闇よりも精神を極度に混乱させ、理性のコントロールを失わせるのだ。

真っ暗闇の中でなら、人はまだ視覚以外の聴覚や嗅覚などを使って手探りでも動くことができる。

私が勝負にまつわることでヤクザに度々おどされたり、海や川など自然の中で命を幾度か落としかけたりしても頭の中が真っ白になることがなかったのは、一つにはいつも先にあるものを感じ取ることが本能的な習慣として身についていたからだと思う。絶えず一歩先にあるものをなんとなく感じ取ることで、「不意に修羅場が立ち現れる」という事態にはならなかったのだ。つまり、束《つか》の間《ま》でも修羅場に対する準備や心構えができていたといえるだろう。

もう一つの理由は、私には、土壇場《どたんば》という絶対的な窮地を、むしろ自分を試す場として歓迎するような感覚があったからだと思う。

修羅場においてもっとも大事なのは、自分を失わず、そこで主導権を取ることである。主導権を取れば、どこかに抜け道は見つかるもの。結局、修羅場をつくるのも消すのも自分の意識なのだ。修羅場をどうとらえるかで、修羅場の姿を変えることは可能なのである。

キレればそこでゲームオーバー　――藤田 晋

修羅場で頭の中が真っ白になるのは、簡単にいえば想定外の出来事に対して、事前に準備をしていなかったからです。たとえばゴルフで2回連続して規定の場所の外にボールを打ってしまうOBを叩いて、頭の中が真っ白になるのは、OBを2回連続ですることが想定外だからです。頭の中が真っ白になったゴルファーのスコアがその後、どれだけ悲惨なことになるかは説明するまでもないでしょう。

いうまでもないですが、仕事で頭の中が真っ白になったら、それこそ悲惨な状況をまねきます。頭の中が真っ白になってから我に返るまでの間、何が起きるのか、いったいどれだけの損失が発生するのか、予想するのは不可能です。とくに勝負所で頭の中が真っ白になったら、そこでゲームオーバーといってもよいでしょう。

パニックになるのは、起こったトラブルが想定外の大きさだからです。どんなトラブルであれ、それが想定の範囲内であれば、頭の中が真っ白になることはありません。そのためには、あらゆることを予め想定しておくことが必要です。

優秀な経営者は、経営計画を立てる際、これでもかというくらいにリスクを洗い出し、あらゆる可能性をシミュレーションし、考えられる問題すべてを一つひとつ検証します。その上でプランA、プランB、プランC……といったものを予め準備しておくのです。思いつく限りのことを想定した準備をしておけば、どんなことが起きても、それは想定の範囲内になるのです。修羅場といった相当厳しい状況も想定の範囲内であれば、頭の中が真っ白にならずに済みます。

仕事においては、経験値を上げ、能力を高めるという意味では、修羅場はなるべく体験したほうがいいと思います。うちの会社でも出世している人は、だいたい修羅場をくぐっています。社内の研修では「私の修羅場」と題して、上司が自分の修羅場について話をするのですが、後輩たちは皆興味津々といった面持ちで聞いています。それだけ修羅場というのは学べるものが多いのだと思います。

ビジネスマンはトラブルでパニックになったり、自分を見失ってキレたりしたら、そこでゲームオーバーです。その人自身が損をするだけでなく、会社組織に大きな迷惑をかけるわけですから。

企業の敵対的買収を仕掛けてくる人たちは、相手企業の経営者をキレさせようと揺さぶりをかけてくることがあります。相手がキレることで優位に介入できる口実がつくれるからです。

昔、僕と史上最年少上場の記録を競って話題になったクレイフィッシュの社長は、まさにその手口に乗せられて墓穴を掘り、解任されました。

納得のいかない人事異動、嫌な上司、理不尽な取引先等々、仕事をしていれば誰しもキレてもおかしくないような場面に遭遇します。しかし成功している人、出世している人は皆、耐えがたきを耐え、忍びがたきを忍んでいるのです。

「キレたらそこでゲームオーバー」。この言葉を覚えておいて、ギリギリの状況になっても、一瞬も自分を見失うことのないようにしましょう。

気分

違和感のあるものは外す——桜井章一

「ツイてるな」とか「運がいいな」と感じているときに、「ああ、気分が悪い」と思う人はこの世に一人としていないはずだ。どんな人でも例外なく、自分がラッキーな状況にあるなと感じているときは、気分がいいものだ。

その事実から運に関するシンプルで揺るぎない一つの法則が導かれる。それは「逆もまた真なり」で、「気分がいいと運がくる」というものだ。

昔の人はそのことをよく知っていたのだろう。「笑うかどには福来たる」ということわざは、まさにそれと同じことをいい表している。ニコニコといつも明るく朗らかな気持ちで過ごしている人には、必ずいいことが起こり、幸せになるのだ。

「気分がいいと運に恵まれる」ということを、私はこれまでの人生で幾度となく経験したが、雀鬼会を始めて間もない頃、こんなことがあった。

八丈島に道場生たちと遊びに行ったときのことだ。折しも台風が来ていて、海はひどく荒れていた。

そのとき、宿に閉じ込められ、いささか退屈していた私は、自然の荒々しい力に身をさらけ出したくなり、海に突き出た桟橋《さんばし》へ若い連中を引き連れていった。轟々《ごうごう》とうねり、無数の波が激しくぶつかり合っている海は、落ちたら一巻の終わりだなと思わせる迫力である。だが、むき出しになった自然に触れることは、私をこの上なく爽快な気分にさせてくれるのだ。

桟橋の先端へ向かいながら、これ以上先へ進むと危ないなと思ったときのことだ。本来なら引き返すべきところを、なぜか私は道場生を連れて、反対に危ないはずの先へと体がスッと数歩動いた。その瞬間、それまでいたところに、どんと大波が来たのである。もし引き返していたら、全員波にさらわれていたところであった。

頭で考えれば危ないはずの先へ、なぜ体がスッと動いたのか。理性では説明のつかないことである。ただ、こういうことはいえると思う。自然の本質的な姿に触れた私は、気分がとてもよかった。なぜ気分がよかったかというと、そのとき私の中で普段は何割か眠っている自然の感性が全開の状態になっていたからだと思う。こういうときには、理性を超えたひらめきが起こり、運が降りてくるものだ。

仕事でも気分よくやれるかどうかで、仕事運というものは大きく違ってくる。

周りが嫌な人ばかりの中で仕事をしていれば、いつも悪い気分のままで、決していい仕事はできないだろう。反対に好きな人や違和感のない人たちの中で仕事をしていれば気分がよくなり、そのことは仕事にもいい結果をもたらすはずだ。

「気分をよくする」には、違和感を覚えるものを外すことも大事だ。

私は大学を卒業する際、学長推薦である企業の面接を受け、内定をもらったことがあった。だが、その会社を通して透けて見えたサラリーマン社会に対して、どうしても違和感が拭えず、結局就職を自ら取り消した。私は誰のものでもない自分の道を進むことにしたのである。まったく何の保証もないが、そのほうがよほど気分がよかったのだ。そこから麻雀とともに歩む私の人生は始まったのである。

会社の空気が仕事運を左右する——藤田　晋

麻雀をしていてツイてないなという気分のときに配られた手牌は、なぜかひどいものに見えることが多いです。反対に気分が乗っているときに配られた手牌を見ると、あまりよくなくても、よい部分が見えたりします。このように気分一つで、ものの見え方は大きく変わってきます。

会社では職場の空気がとても大事です。いい空気か、悪い空気かによって、社員の仕事に与える影響がだいぶ違ってくるからです。仕事の質が違えば当然、業績に大きく影響します。ですから経営者としては、細心の注意を払って空気をよくすることに注力する必要があります。

そのことに気づいたのは、いまの会社をつくる前に、インテリジェンスという会社で仕事をしていたときです。社長の志が高かったことも影響していたと思いますが、中にいる人が皆やる気満々で、そこにいたら自分も負けられないという気分になるのです。

この経験から、僕は創業のときから会社の空気をいかによくするかということをいつも意識してきました。

採用面接では、頭がいいとか学業が優秀だったとかいうことよりも、性格がいいことを採用の必要条件としてきました。職場においてはポジティブに頑張ろうというタイプの人をマジョリティにすれば、他の人も頑張ろうという気になるものです。

実際はポジティブでもネガティブでもないという中間の人が大多数なのですが、人は周りの影響でポジティブにもネガティブにも転ぶものです。ですから日頃からネガティブな空気が支配的になっていないか、ネガティブリーダーとして社員の足を引っ張るような人はいないか、社内を注意深く見てきました。とくに会社のコアメンバーはポジティブな人で固め、頭がよくてもネガティブな人は、たとえ優秀であっても極力使わないようにしてきました。

煙草を吸っているとき、人はネガティブなモードになりやすいといわれています。職場の喫煙室で煙をため息のようにふーっと吐き出すのと一緒に、「この会社やばいよね」などと不満も吐き出したくなる。ネガティブな空気もまた伝染しやすく、ちょっと油断していると、あっという間に会社全体の空気がネガティブ一色に染められてしまうこともあるのです。ネガティブな空気の発信源になる人は強い悪影響を与えうるので、会社にとっては要注意です。

うちの会社では目標達成を祝うポスターが壁にたくさん貼ってあったり、新入社員を歓迎するバルーンが上がっていたり、一般的なオフィスの空間とは少し雰囲気が違います。これも空気をよくして、社内を活気づけるためにやっていることです。

同じ人間でも、ポジティブに気分よく仕事をしていればツイているように感じられるし、反対にネガティブな気分で仕事をしていれば、ツキからは見放されます。

全体がポジティブな空気に包まれていれば、当然職場の空気は気持ちのいいものになり、会社全体の運気も上がると思います。「空気」という目に見えないものを意識しておくことも大事なのです。

勝ち続ける極意

走りながら次の矢を放つ人だけが勝ち続けられる

桜井章一

勝負の流れというものは、それを読むだけでなく、それに対してどう動くか、次々と考え実行していかなくてはならない。勝負においては、一つの局面が同じ形でずっと続くことはありえない。

局面は刻々と形を変えていくがゆえに、一つの準備だけをしていては間に合わない。視野が狭い人は局面を固定してとらえ、そこについつい集中してしまう。そういう人は次に放つべき矢の準備ができていない。だから局面が変われば、それまで優勢であっても途端にツキをなくしてしまう。勝負において勝ち続けられる人は、一の矢を放てば、二の矢、三の矢を矢継ぎ早に用意し、しかるべきタイミングで放てる人だ。

一の矢を放って次の矢の準備が間に合わないという人には、2種類のタイプがいる。一つは気づきの鈍い人。もう一つは完全主義的な傾向を持っている人だ。修正がきかないのは意外と後者である。

完全主義の人というのは、丹念に準備をして万全のものにしてからでないと、次の行動に移れない。有効な矢を放つには、準備と実行の継ぎ目をいかにスムースにするかがポイントになる。ところが完全主義の人は、準備と矢を放つタイミングの間にリズム感がなく、放った矢が的を外したり、次の矢の準備が間に合わなくなってしまうのだ。

勝負の流れにおいては、準備してから走るのではなく、走りながら二の矢、三の矢を放っていく感覚が必要だ。そうしなければ流れに乗っていけない。鉄棒の懸垂《けんすい》は途中で腕を全部伸ばしきってしまうと再び上がるのに大きな力が必要になり、バテて後が続かない。完全主義志向が強くて一つの準備に囚われる人は、懸垂の途中で腕を伸ばしきってしまう人に似ている。

流れの中でツキをなくさないためには、このように一の矢だけでなく、二の矢、三の矢を矢継ぎ早に放たないといけないが、反対にツキをなくしているときも、それは同じだ。

ツキのない局面では、一の矢を放っても、それだけで急に流れが変わりツキ始めるということにはなかなかならない。弱い人はそこであきらめて、相手に背中を見せるような勝負をしてしまうのだ。

ところが、一の矢ぐらいで状況が簡単に変わるものでないことを知っている人は、二の矢、三の矢をひるまず放ち続けるのである。途絶えることのない果敢な攻めは、やがて強さに変わり、ツキを呼ぶ流れに変わってくる。

勝負においては、優勢であろうと劣勢であろうと、ツキがあろうとなかろうと、いついかなるときも、さまざまな矢を用意しておくことがとても大事なのである。

負け続ける人は多くても、勝ち続ける人が少ないのはなぜか？――藤田　晋

一の矢を放ったら二の矢、三の矢と次々に放っていく状況は、僕の場合、まさに勝負所を迎えたときです。

会社の経営でも、勝負所で一気に攻めて大きな結果が出始めると、短期的に通常の何倍ものの集中力と時間を投入します。同じ労力でも、普段の何十倍、何百倍もの成果を得られるチャンスなので、一時たりとも気を抜けないのです。新規事業の話はどんどんくるし、マスコミの取材もどっと押し寄せてくる。投資家もしきりに会いに来るし、事業拡大に伴う入社希望者もたくさん来る。それこそ会社を飛躍的に伸ばす絶好のチャンスなのです。

僕はここが勝負所という局面では、爆発力を持っているほうだと思います。

麻雀の打ち方もここがチャンスだと思うと、頭をフル回転させて一瞬も気を抜かない攻勢モ

ードに入ります。流れがこちらにきているときに次々と攻撃を仕掛けると、相手は不安を感じるものです。「前もでかい手だったから、次もまたでかい手を張ってくるんじゃないか」「早くこの場を流さないとまずい」、そんなことを思って不安を感じ、焦り始める。そうなると、ますます流れがこちらに有利に傾いてくるのです。「麻雀最強戦2014」の決勝での僕の戦い方はまさにそれでした。

ところで勝負の世界では、負けるときは雪だるま式に負ける人はいくらでもいるのに、勝つときに雪だるま式に勝てる人というのは不思議と少ないものです。

雪だるま式に負けてしまう人は、流れが悪いにもかかわらず、熱くなって一発逆転を狙って、さらに泥沼にはまっていきます。または不安から守りに入りすぎてしまい、劣勢から抜け出すきっかけをつかめず、ずるずると負けてしまう人もいます。

ならば当然、流れがいいときには雪だるま式に負けてしまう人の逆をやれば、雪だるま式に勝てるということになります。つまり流れがよいのだから、さらに大きく勝ちにいくなど攻め続ければよいのです。

しかし、いい流れに乗っているのに雪だるま式に勝てない人が多いのは、早めに勝ちを確定させたい焦りから早めに手仕舞ってしまったり、深追いしすぎて失敗した過去の記憶が頭をよぎって、不安を感じて途中で勝負を降りてしまうからです。

もちろん潮目が変わるなと判断したら素早く引くべきですが、まだまだ続くいい流れを自ら切ってしまう必要はないのです。

仕事は、ほぼ一生をかけてやっていく長期戦です。いい流れのときもあれば、悪い流れのときもある。そんな長期戦で、モチベーションをずっとマックスの状態に保ち続けるのは、普通の人であれば不可能でしょう。

就職活動中の学生や新人と話すと、彼らの仕事へのモチベーションが高すぎることにときどき心配になることがあります。ビジネスパーソンとしてこれから先、長い時間生きていくことを考えると、そのモチベーションがそのまま持つのか気になるのです。

仕事というものは基本、地味なものです。経営者にしても、普段の仕事は単調なものが多い。しかもスムースにいくならまだしも、思い通りにいかないことのほうがずっと多いのです。

そういう中でモチベーションを無理に高く持ち続けようとすれば、早い段階で必ず燃え尽きてしまいます。長期戦に備えるためには、モチベーションは高からず低からず、ほどほどを保つほうがよいのではないかと思います。

そして勝負所がやってきたらギアチェンジし、一気にアクセルを踏み、モチベーションを高く保って矢継ぎ早に矢を放てばいいのです。

「絶対」

「絶対」という言葉は状況を悪くする

桜井章一

「あいつはアバウトだ」というとき、たいがいは悪いニュアンスで使われる。

しかし、私はアバウトな感覚はよいものだと思っている。我々を取り巻いている世界は絶え間なく変化し、混沌《こんとん》として明確な形をとどめることがない。

ただ、それをそのまま受け入れると混乱するし、とても不安なので、とりあえず線を引いて根拠をつくったり、あるいは絶対的と思えるものをつくることで安心を得るのである。

だが、刻々と変化してやまない流動的な世界では、そうして引かれた線は次々と意味をなさなくなり、さまざまな問題を引き起こしたりする。そんな世界を理解し、それに合わせて生きていくには、アバウトという感覚のほうが現実に即しているのだ。

たとえば、麻雀をするときに相手の牌は見えない。しかし、相手の打ち方や全体の流れを見ていると、私にはなんとなく相手の牌がわかる。これはおそらくこういう状態だろうなという感覚的なものだ。

この「わかる」を説明するのは難しい。ただはっきりいえるのは、「なんとなく」というアバウトな感覚で向かえば「わかる」が、「絶対」という感覚で向かっていくと「わかる」には至らないということだ。

「だいたい」とか「なんとなく」という感覚を持ってはじめて「あっ、わかる……」という場所に意識がストンと落ちていく。逆にはっきりとらえようとする「絶対感」は、的を外してしまう。「だいたい」とか「なんとなく」という曖昧な感覚のほうが、明確に対象をとらえるのである。

「絶対」という感覚は的を外すだけでなく、状況を悪くするきっかけにもなる。

ミスをした人が「今後このようなことは絶対にいたしません」と頭を下げても、そうしないという保証はどこにもない。証券マンも同じで、「絶対この株は上がりますから」といっても、本当に上がるかどうかは誰にもわからない。

「絶対○○します」といっている人は、未来におけることを「絶対」といっているわけだが、絶え間なく変化し続ける無常の世界において、「絶対的な予測」などありえない。だから「絶対○○します」というのは、100％嘘《うそ》になる。

「絶対」に代わる言葉として、私は「とりあえず」という言い方がいいと思う。

「とりあえず、いまはこういう状態だ」「とりあえず、この先こうなりそうだ」というふうな言い方であれば、そこに嘘が混じることはない。瞬間、瞬間においては、すべて「とりあえず」なのである。

そうやって「とりあえず」という感覚を広げていくと、たとえいまが悪い状況であっても、「とりあえず、いまは悪い」だけと思える。さらに「この先、状況は変わって好転していくかもしれない」と希望を抱くこともできる。

反対にツイていることが続いていても、「いまは、とりあえずいいにすぎない」と思って、舞い上がって隙をつくるようなことにはならないのである。

「絶対」ではなく「だいたい」でいい――藤田 晋

うちの会社では、2018年に1000億円の利益を出すという中長期計画を掲げています。その数字を見たアナリストが、「現実的な数字ですか？　本当に達成できるのでしょうか」ということを聞いてきました。

それに対して僕は、「だいたいそのあたりを目指しているということです。いま200億ですから、近くまでいけば相当伸びたということになるので、達成はしなくてもいいんです」と答えました。

経営目標を達成するためには、計画から遂行のレベルまですべてを細かく決める必要があります。でもそれをやりすぎると、組織は柔軟性を失ってしまいます。

たとえば目標に対して計画通りに進捗《しんちょく》していなかったとすると、「あといくら足りない」ということが最優先事項になって、無理をして取引先に迷惑をかけたり、労働時間が過剰になったりするのです。

仕事というのは自動車のハンドルの遊びのような部分、すなわち振れ幅を持たせておくことが余裕につながります。一方で何でもガチガチに決めてしまうと風通しが悪くなって、自由な発想や柔軟な対応ができなくなってしまう。

そもそもインターネット業界は変化が激しいので、きっちり決めてしまうと、急な変化に対応できず、かえって足かせになってしまう危険があります。

仕事においては「だいたい」や「とりあえず」といった感覚でもって、大枠を決めておくことが大事です。途中で臨機応変に、目標の修正や方針の転換を重ねながら精度を上げていけばよいのです。最初の大枠、そしてそれを達成する緻密な計画に至るまで「絶対」にしてしまうと、逆に可能性をどんどん狭めていくことになってしまいます。

麻雀でも、「絶対こいつは萬子《マンズ》で染めている」とか「きっとテンパイしているに違いない」と決めつけても、状況は刻々と変わっていきます。2、3巡もすれば、数分前に決めつけた状態とはまったくかけ離れた状態になっていたりします。

「だいたい」や「とりあえず」といった感覚を桜井さんが大事にされるのは、最初からピンでフォーカスを合わせていくよりも、的を正確に射貫《いぬ》くことができるからだと思います。ピンでフォーカスを合わせるというのは、「絶対」という感覚で「決める」ことです。しかし、それでは力が入りすぎて、的を外す確率が高くなるのでしょう。

「絶対」という感覚を外し、「だいたい」のところでまずは大きくとらえる。その中でアンテナを素早く動かして、感度のよさそうなところを見つけて絞っていく。そうすれば的を正確に射貫けるのだと思います。

「決めつけない」ことが持つ振れ幅や余裕から生まれてくるものは、決して小さくはないのです。

直感

直感の9割は正しい

桜井章一

人が生きている世界は、目に見える世界と見えない世界の2つで成り立っている。運というものは、実はこの目に見えない世界をいかに感じ取れるかで大きく変わってくるものだ。

水面下の目に見えない部分のほうが圧倒的に大きい氷山と同じで、我々が呼吸しているこの世界も、目に見えない部分のほうが、見えている部分よりはるかに大きいのである。

目に見えないものなんてどうせよくわからないんだから、見えている部分だけを合理的に計算していけばそれで十分と考えている人は、氷山に衝突する船のように、いつかどこかで必ずつまずくことになるだろう。

目に見えない世界については、理性を働かせて分析したり、計算したり、推論したりすることはできない。それは感覚でとらえる以外にアプローチする方法がないのだ。

知識や情報といったものに非常に高い価値が置かれているこの社会においては、当然理性が何よりも重要視される。理性の前にあっては、本能的な感覚は下に置かれるのだ。

だが、理性をあまりにも偏重した生き方は、さまざまな弊害をもたらすことになる。

本来人間は理性的な生き物である以前に、感覚的な本能を持った生き物である。理性を大事にしすぎて人間関係でも仕事でも何でも合理的に計算してしまうと、人間関係はおかしくなり、仕事はひどく窮屈なものになっていく。ストレス社会の原因は、人が努めて理性的に振る舞おうとしすぎることにあるのだ。

感覚はそんな弊害やストレスを緩和する潤滑油の役目を果たしてくれる。

ところで目に見えない世界を感じ取るにはどうすればいいのか。それには感覚を磨くしかない。一般に馴染《なじ》みのある感覚といえば、直感になるだろう。

棋士の羽生善治《はぶよしはる》さんは「直感でとらえることの7割は正しい」といわれているが、私自身は9割ぐらいが正しいという感覚がある。人の判断を最終的に決めるものは、理性ではなく、この直感なのだ。

直感を鋭くするには、理性的な作業、つまり考えることをどこかであえて捨てるという行為も必要だ。たとえば考えることをやめ、対象をぼわっとただ見つめていると、感じる力は下のほうから徐々に立ち現れてくる。

運は、表面からはっきりと見えないもの、すなわち流れ、タイミング、チャンス、雰囲気、意識されない感情の動きといったものをどれだけ感じ取れるかで大きく変わってくる。直感と運の関係とはそういうことなのだ。

邪念のない直感は間違いない――藤田 晋

ネットの影響で麻雀の世界には新しい流れが起こっていることは前述しました。中でも画期的なのが、ネット上で見知らぬ相手と対戦できるネット麻雀の出現です。ネットにおける勝負は、その人の勝率はもちろんのこと、たとえば七対子《チートイツ》で上がれる確率は何割あるとか、リーチして上がれる確率はどのくらいだとか、そうしたものがすべてデータ化されて数字で表示されます。そのデータをベースにして、勝率を高めるための戦略が導かれているのです。

こうした流れから、麻雀の勝率を高めるにはデータと確率論を足場にして打てばいいというデジタル派の人たちが生まれました。

デジタル派に対して旧来のアナログ感覚の打ち方は〝オカルト派〟と揶揄《やゆ》されていて、両者の間では論争が起こっています。

デジタル派は、それこそ「ツキの流れ」「勝負の綾《あや》」「牌の勢い」といった合理的に説明のつかないものなど存在しないし、仮にあったとしても考えてもムダだと主張し、オカルト派はそうしたものこそが麻雀の真髄なのだといいます。

デジタル派の感覚を仕事に置き換えれば、一生懸命勉強して経営のことを学べば、経営はうまくいくと考えるのと同じだと思います。しかし、そういう人で会社をうまく経営している人を、私はこれまで見たことがありません。MBAを取って経営に関する知識をたくさん持っているような頭のいい経営者は山ほどいますが、上手に会社を回している人は意外といないものです。

楽天の三木谷浩史《みきたにひろし》社長はMBAを持っていますが、それが成功した理由ではありません。実際、とんでもなく勝負勘が優れている勝負強い経営者なのです。その三木谷社長の有名な言葉に「経営は右脳と左脳のキャッチボールである」というものがあります。僕は麻雀もそれと同じで、右脳と左脳のキャッチボールで成り立っていると思っています。そもそもデジタル派が正しいとかオカルト派（アナログ派）が正しいということではありませんが、少なくとも麻雀がデジタル的な数字やデータだけで割り切れるような単純なゲームでないことは確かです。

人間が4人で行う麻雀の勝負には、「押す」か「引く」かを判断するだけでも、その心理を含めて無数の要素が複雑に絡み合っており、合理的な知識やデータだけで割り切れるものではありません。刻一刻と変化する中で、素早く「状況を判断する力」が麻雀では問われます。全体を冷静に俯瞰していないと、答えのない堂々めぐりの世界で迷い続けるようなことになってしまいます。迷わないようにするには直感で対象をとらえていくことが鍵を握ると思います。

経営もまったくそれと同じで、常に「状況を判断する力」が問われます。刻一刻と変化し、さまざまな利害関係のある人が絡み合う、その複雑怪奇なビジネスの姿を正しくとらえるには、最初に直感で判断することが大事です。

桜井さんのように僕も「直感の9割は正しい」と感じています。ただ直感というのは、邪念が入ると狂います。客観的に見ると勝負所ではないのに、焦りの気持ちから「ここで早く勝負したい」と思ったりすると、おかしなことになる。

一方で相手に勝ちたいとか、早く自分のものにしたいといった邪念を取っ払った上で降りてきた直感は、ほぼ間違いがありません。

ただ当然のことですが、麻雀にしても経営にしても、直感だけでやれるものではありません。経営であれば、入口は直感でも、きちんと左脳で論理的に分析したり整理したりする必要があります。それを支える知識やデータも必要です。それらを駆使して、最後はやはり最初の直感を信じられるかどうかです。「考えるな、感じろ」といって、感覚主導で神がかった麻雀を打つように見える桜井さんにしても、麻雀に関する詳しい知識と豊富な経験がベースにはあるわけで、右脳と左脳のキャッチボールを無意識にしながら麻雀を打たれているのではないでしょうか。

経営は左脳に偏ると、必ずおかしな方向へいきます。大会社の会議などでも、事業のリスク面について議論していると、誰も責任をとりたくないために話がねじ曲がって、最初に正しいと思ったことが姿を変えてしまうことは少なくないと思います。

何事もいろいろ考え出すと、どうしても迷いが生じてくるものです。直感でなく、理屈で「やろう」と決めたものは、予め迷いが潜在しているので、それだけリスクも高くなります。

たとえば、就職でベンチャー企業に行ったほうがいいか、大企業に行ったほうがいいかを考えているときに親や友達に相談すると、どんどん迷っていきます。最初は自分の直感でベンチャー企業がいいと思っていたのに、あれこれ考えているうちにブランド力のある大企業でないと、これまで努力して手に入れた学歴がムダになる。そう思って最後は守りの姿勢に転じて、ベンチャー企業への道を捨てたりするわけです。ところが、いざ大企業に入ると、自分が思うような仕事がなかったりします。そんなとき、最初の自分の直感を信じきれなかったことに後悔の念が湧いてくるのです。

仕事や人生、麻雀など人の心理が介在するものは、自分の頭で考えて合理的に判断できることばかりではありません。迷ったときほど間違えやすいものです。

僕は経営では直感を信じると同時に、「迷ったら決断しない」というふうに決めています。

3章 悪い流れを断つ

誘惑

悪手で勝つ誘惑を断てるか

桜井章一

勝負の現場には流れが存在する。その流れをつかみ、それにうまく乗ることが勝負に勝つ上での絶対必要条件であることはいうまでもない。

しかし、いつでもどのような流れに対しても、そうあるべきとは限らないのが、勝負の難しさだ。流れの中には、間違った流れもあるからだ。

麻雀の場合、その流れが正しければ、正着《せいちゃく》(正しい手)を打っていれば流れに乗れる。だが、流れが間違っていれば、たとえ正着を打っていても流れに乗ることができないのだ。

自然にたとえると、間違った流れというのは荒れた海のようなものだ。百戦錬磨の漁師でも、大しけの海には太刀打ちできない。荒波に巻き込まれて遭難してしまった漁師もたくさんいる。

もちろん海が本格的に大しけになるだろうなというときは漁師は海に出ない。ところが、自然の変化は人知を超えていて、この程度なら大丈夫だろうとふんで海に出ても、突如として荒れ出すことがある。間違った流れというのは、往々にして予想しないところから不意に生まれてくるのである。

間違った流れが起こっているときは、流れに乗らないようにすることが大事だ。しかし、勝負の世界において、間違った流れは誘惑を孕んでいることが少なくない。この流れに合わせれば、大きな成果を手にして勝つことができるというような錯覚を抱くのだ。

間違った流れが起こっているときは、正着の手よりも、間違った手や悪手《あくしゅ》（悪い手）を打ったほうが、いい結果に至ることがある。しかし、そういう局面で誘惑にかられて悪い手を使ってしまうと、次に正しい流れがきたときに、合わせられなくなる危険がある。

悪い手を使って成果を手にした人は、「勝ったのだから」「これだけの成果を得たんだから」といって、悪手を間違った手と思えなくなる。悪い手にもかかわらず、いい手だと誤解してしまうのだ。

野球では、打者が打った球が、予想と違ってイレギュラーにバウンドして飛んでくることがある。グラウンドの状態が悪いとイレギュラーバウンドは起きやすくなるが、それでもそう頻繁にある現象ではない。野手はゴロに対して腰を落として低く構えるが、イレギュラーバウンドは突然ボールが高く跳ね上がる。そんなボールが来ることを恐れて高いところで構えていたら、今度は普通のゴロが捕れなくなってしまう。これは間違った流れに合わせて間違った手を使うと、正しい流れに合わせられなくなるというよい例だ。

間違った流れが現れても、慌てて手を変える必要はない。その流れがしばらく続きそうでも、我慢して正しい姿勢を貫くのだ。そうすれば、やがて正しい流れは必ずくる。それが運を落とさない技術なのだ。

「チャンスに見える悪い流れ」の見極め方——藤田 晋

経営というのは、単に頭がよくて真面目に努力をするだけでうまくいくものではありません。仮にそれらがあっても、「勝負勘」が悪い経営者では如何《いかん》ともしがたいものです。経営者がそんな状態では、そこで働く従業員も報われません。

「勝負勘」とは、要は流れを見極める力のことですが、気をつけないといけないのは、さまざまな流れの中には騙される流れも存在していることです。

とくに周りのみんなが騒ぎ出して「これはチャンスだ」と思わせる流れは、冷静に一歩引いて見極めたほうがいいことが多いです。それは世論だったり、マスメディアがつくり出したものだったり、権威ある投資家がしゃべったことから生まれたものであったり、アメリカから入ってきた話を源流とするものであったりします。こうした流れが果たして現実にどれだけ実体があるものか、あるいはホンモノの効果をもたらすものか、目を凝らしてしっかりと見極めなくてはいけません。

たとえば、元ライブドア社長の堀江貴文さんがニッポン放送の株を買い占め、フジテレビの買収を画策していたとき、「放送と通信は融合すべきだ」という話に始まり「ネットとリアルの融合」が盛んに議論されました。当時はまだスマホもなかった時代です。インターネット上でのビジネスでまともに稼げる機会は限られていました。それにもかかわらずネット企業は、将来への期待だけで実態以上に株価だけがバブルな高騰を続けていたのです。「ネットとリアルの融合」という提唱も、ネットの世界だけでは新しいものがなかなか出てこないので、強引に株価高騰を裏づけるために喧伝《けんでん》されていた面もあったのです。

あのとき実態をよく見ず、「ネットとリアルの融合はものすごい可能性を秘めている」という急に湧き上がってきた机上の空論を信じ、間違った流れに乗ってしまった個人投資家や企業はたくさんいたと思います。

いまは経営破たんしてしまいましたが、堀江さんをきっかけに起きた流れに乗って、多額の資金調達をした元ジャスダック上場のインデックスという会社がありました。

僕は同じ業界で実態をよく知っていたこともあり、とても不思議だったのですが、「インデックスという会社はすごい」「ここに投資しておけば間違いない」という空気が、いつの間にか根拠のないところでつくられ、名だたる日本のメディア企業がこぞってインデックスに投資をしたことがありました。

あたかもそれは「みんながいい会社だといっている」ということが唯一の根拠であるかのような印象でした。「うちだけ投資を見送れば社内で評価が下がる」とか「注目の会社を相手に取引実績をつくっておきたい」といった、実態とは無関係な願望や欲望が、間違った流れを加速させていたのです。もちろん悪い流れですから、それに乗って結果的に大損した企業がたくさん出ました。

最近ではリーマンショック後の停滞感の中、1ドル80円近辺の円高で、国内向けの内需関連産業には将来性がなく、活路を開くにはグローバル化の流れに乗らないといけないという風潮が強くなりました。

ネット業界も例外ではなく、アマゾンやグーグルのように海外に出ていかないとダメだということがしきりにいわれ、それを真に受けて皆一斉に海外支社をつくりました。

しかしながら世界に通用する製品やサービスがまだない会社が、海外に支社をつくってもどうしようもありません。当時はグローバル化の流れに反論できる雰囲気ではありませんでしたが、僕はすごく冷めた目で見ていて、ネット業界が長いので村の長老のように冗談っぽく「必ずあの者たちは戻ってくるであろう」と周りにいっていました。実際にほとんど全員、戻ってきたのではないでしょうか。

こうした間違った流れというものは、常に大なり小なり起こっているものです。みんなが評価しているから、マスコミが持ち上げているから、ここで乗らないと時代に置いていかれるから、そんな理由や口実を見つけて、急いで乗ることはないのです。

騒がれ方の温度が高く、誘惑にかられそうなときほど、気をつけたほうがいいのです。みんなが「チャンスだ」という流れには、どこかに落とし穴があったりするからです。

一拍置いて冷静に眺め、自分の頭でじっくり考える。そして見極める。そんな姿勢が間違った流れから自分を遠ざけてくれるのです。

スランプ

スランプに陥ったら意識的に「間」を置け――桜井章一

人は皆、何か集中できるものを日常の中に持っているものだ。集中することで仕事の生産性が上がったり、スポーツの技能が磨かれたり、料理をつくることが上手になったりする。

このように集中することはとても大切なことだが、集中を掛け値なしにいいことだと思って何にでも集中しすぎる癖をつけると、マイナスの面も現れることを知っておくべきだと思う。

集中しすぎがいい結果だけを導くものではまったくないことは、世の中を見渡せばすぐわかることだ。

たとえば学生時代に勉強をやりすぎて、あまり人間性が育っていないまま社会に出て苦労する人は少なくない。あるいは落ち込んだり、怒りにかられた人がその感情に集中しすぎると、健全な生活になかなか戻れなくなってしまう。

集中がマイナスの結果をもたらす場合には、集中することが「囚われ」の状態を生んでいることが多い。何かに囚われた心は固く、柔軟性をなくしてしまう。それゆえ、さまざまな変化にうまく対応できなくなるのだ。

たとえばスランプに陥ったとき、何よりも大事なのは、スランプの状態に囚われないことだ。ところが、スランプに陥ると人はそこから少しでも早く抜け出そうとして焦り、かえってその状態に囚われてしまう。

そのため、気持ちを自在に切り替えたり、高い視点に立って自分を見ることができなくなるのだ。

スランプのときは、その状態から目を転じてまったく別のことを考えたり、やったりするといい。たとえば、散らかっている部屋の掃除を徹底的にやったり、旅行へ行って環境を変えてみてもいいだろう。スランプのときは流れがよくない状態なので、そこに「間」を意識的に置くのである。

「間」を置くという切り替えをすることで、流れを変えるきっかけをつくるのだ。そうすると、スランプになる前の調子のよかったときの感覚がふと甦《よみがえ》ったりする。

「間」を意識的に置くことができる切り替えのいい人は、スランプに陥っても、そこから抜け出すのが早い。スランプは負のスパイラルになりやすいので、その期間は短いに越したことはない。意識的に「間」を置くという感覚を、勝負する人は持っておいたほうがいいのである。

悪い運気の断ち切り方

藤田 晋

ギャンブルで大負けする人というのは、調子が悪いのにずっとやり続ける人です。負けを取り返すのは明日でも1週間後でも構わないのだから一度頭を冷やせばいいのに、こういう人は熱くなっていますぐ取り返したいというモードになっています。

ギャンブルは回収率や期待値で見れば胴元が有利になるようにできていますが、一方でプレイヤーには「いつでも席を立てる権利」と「賭け金を上げ下げできる権利」が与えられています。プレイヤーはこの2つの権利を駆使して勝つしかないのですが、多くの人はその有利な権利をなぜか不利になるように使って、負けてしまうのです。

プレイヤーはいつでも席を立てるわけなので、ひどく調子が悪いときは、席を立てばよいのです。また賭け金を上下できるので、調子がいいときはたくさん賭けて、反対に調子が悪いときには賭ける金額を低くすればいいのです。

ところが人間とは不思議なもので、調子が悪いときほど粘って負けを取り返そうとたくさん賭け、調子のいいときは利益を早めに確定したくて、まだまだいける流れであっても早々に席を立ってしまうのです。

そうしたことは、会社の経営においてもよく起こります。たとえば調子の悪い赤字事業をなんとかしようとして、深みにはまってしまうことがあります。調子の悪いときは業績が悪いだけでなく、評判が下がり、社内の空気も悪く、皆が自信を失っています。そんな状況で損を回収しようとさらに追加で資金を投入し続けても、悪化するばかりです。

こういう流れにあるときは、早めに撤退や事業の再構築などの見切りをつけるしかありません。負のスパイラルにはまると、ろくなことはないのです。

あるいは悪い成績が続いている営業マンであれば、そのままの状態で仕事を続けても、契約は思うように取れないでしょう。自信のない顔で営業に行っても、相手は勧めてくる人も商品も信用してくれません。そういうときは1週間ほど休みを取るなどして悪いモードを断ち切ったほうがいいのです。

就職活動をしている学生の中には、面接に行けども行けども落とされ、自信を失ってしまう人がいます。悪い状況をなんとかしようとあがくのですが、焦った状態で次の面接にのぞむとまた落とされて、さらに落ち込むという悪循環にはまっていきます。そんな学生は自信のなさが顔や言葉に出てしまうので、テンションの低い状態で出かけていって損をするだけです。

そんなときは気持ちの切り替えが必要です。自然の中に出かけたりして、就活からいったん離れるようなことをしたほうがいいのです。リフレッシュした顔で面接を受けるのと、調子の悪さを引きずった顔で面接を受けるのとでは、面接官の印象もまったく違ってくるからです。

マイナスを取り返そうというときにやりがちな「負の集中」は、いうなれば運の流れを悪くする努力をわざわざしているようなものです。同じ集中をするのであれば、いい流れのときにこそしなくてはいけません。

一方で、「正の集中」ともいうべき流れがいいときは、集中する手を緩めてはいけません。仕事の調子がよいときは評判が上がり、社内の空気もよく、皆が自信に満ちあふれています。そんなときは次々にいい話が舞い込んできて、やればやるほど間口が広がっていく。流れがいいときは大きな飛躍のチャンスですから、片ときたりとも集中を切らしてはいけないのです。

集中というのは一つのことにいかにのめり込めるかというより、それ以外に気を取られないでいられるかが問われます。つまり、気を取られそうなものを厳しく切り捨てる能力の差が、そのまま集中力の差として表れるのです。

勝負所における爆発的な集中力は、普段やっている仕事の何十倍、何百倍もの成果をもたらしてくれるものだと心得ておくべきです。

ツキと雑用

雑用を軽んじると運から見放される

桜井章一

そこそこ大きな会社で役職についている知り合いが、「こういう立場になっても雑用ばかりで……、下手すれば仕事の7割くらいは雑用ですよ」といったことを以前私に愚痴っぽく話してきたことがあった。私が「それはけっこうなことじゃないですか」と返したら、相手は「えっ!?」という顔をしていた。

そもそも仕事というものは、本質的に多くの雑用でできているものだ。雑用の定義には曖昧なところがあるが、「こんな仕事は雑用だ」と感じる対象は、その人がメインでやろうとしている仕事のサブ的な役割を担っているものだったり、どこかで軽く見ている仕事だったりする。たとえば大きなプロジェクトを実行する以前の細々とした準備や人間関係の調整だったりと、その人の意識の中ではできれば積極的に関わりたくない舞台裏の地味でアピールしない仕事といったイメージだ。

そんな気持ちでいれば、当然雑用は丁寧に扱われる対象にはならない。だが、雑用だからといって「雑」に扱っていいものではない。

なぜなら雑用とは仕事の「基礎」であり、「現場」のことを指すからだ。だから仕事から雑用を引いてしまえば、仕事は成り立たなくなってしまう。運からも見放されることは間違いない。

たとえばたった1枚のコピーをとるのでも、それを雑用という感覚でする人と、そうでない人とでは、コピーの質にちょっとした違いが出るだろう。枠の中にきれいにバランスよく写っているか、インクの濃さは薄すぎずちょうどいいかなど、丁寧にする人と、雑用としてできるだけ早く終わらせようとする人とでは、微妙な差がきっと出るはずだ。

仕事の受発注を事務的にするだけでいい電話やメールでも、それを雑用と思ってこなす人と、大事な仕事と思って丁寧にする人とでは、結果に大きな差がつくと思う。丁寧にちゃんとする人は相手の信頼度も上がり、良好な取引関係を長く続かせることになるかもしれないし、また受発注の内容を間違えてトラブルになったりすることもないだろう。

ホンダの創業者本田《ほんだ》宗一郎《そういちろう》は、徹底した現場主義で工場をよく視察したという。本田が油まみれの手をした工員と握手をしようと近づいたとき、工員が「いやあ、この手ですから……」と恐縮したら、「いや、いいんだよ。この油の匂いがする手がいいんだ」といってかまわず握手をし、工員が感激したという話を聞いたことがある。優れた経営者というのは現場が一番大事なことを知っているものだ。オフィスで頭ばかり使っている人間は、現場の仕事を雑用的な感覚でとらえがちだが、それは大きな間違いだ。

雑用は基礎であり、現場である。雑用を雑に扱うなんて雑用に対して誠に失礼な話なのだ。

手を抜くことを覚えるとツキが逃げる——藤田　晋

僕は社員が3000人以上いる会社の代表ですから、雑用など誰かに任せて自分ではほとんどやっていないように思われるかもしれません。しかし、実際は雑用ともいえる仕事に毎日それなりの時間を割いています。

たとえば誰かに会うときは、雑談のレベルから仕事のレベルまでさまざまな話ができるよう時間をかけて準備をします。社員の名前も、さすがに3000人以上もいると全員は無理ですが、以前は新入社員が100人入ってくれば、単語帳みたいなものをつくって表に写真を貼り、裏には名前や特徴を書き入れて一生懸命覚えていました。

いまでも週に1、2回は社内会食があるのですが、普段会わない社員と食事をするときは、名前を覚えるだけではなく、仕事ぶりやプライベートの状況まで詳しく情報をもらっています。社員が書いているブログやフェイスブックもよく見ているので、気になったときは相手がプレッシャーを感じない程度に「いいね！」を押したり、コメントを書き込んだりしています。こちらが何かコメントをすることで僕を身近に感じてくれれば、社員のモチベーションが高まったりして、関係がさらによくなるのではないかという思いがあるからです。

また社内、社外にかかわらず、たとえ口約束であっても、交わしたことはその場でメモをとって必ず守るようにしています。「今度食事でも」という話になって、それを承諾すれば、忘れないようにその場で自分宛てにメールをします。頼まれごとのときも同様です。「どんな小さな約束でも守ってくれる」ということが、どれだけ大きな信頼につながるか、僕は身をもって知っているからです。

20代の頃は仕事に関して何もかも新しいことだらけで、ともかくがむしゃらにやるしかありませんが、慣れてくると要領がよくなり、雑用を中心に、手を抜くことを覚える人がいます。年齢でいうと30代くらいからでしょうか。本人は手を抜くことで時間や労力が浮いて得したと思っているかもしれませんが、そういう人は僕から見ると伸びしろを感じません。

手を抜くことで仕事に支障をきたすことがなくても、仕事への姿勢に誠実さや真剣味が欠け始めていることは、なんとなく周りに伝わるものです。いかなるときも手を抜かず、ちょっとした雑用的な仕事に対しても、細かいところまで丁寧にやる人は、誰からも信頼されます。

雑用でも全力でやっている人がいると、それを見て人は「他のこともやらせてみようかな?」「そんな細かいことまでやってくれるんだ。頼もしいな」というふうに考えるのです。

そのことが結果として、雑用を丁寧にやっている人がツイてくる原因にもなっていると思います。

逆に、雑用を人任せにする人だと、それを見て人は「これは小さい仕事だから任せにくい

な」「詰めが甘そう」などと感じます。それが結果としてツキを逃してしまうのです。

経営者の中にも自分の仕事は戦略を考えることであって、実行はみんなに任せるというタイ

プの人がたまにいます。しかし、そういう人は本当に大事なことが何なのかわかっていないよ

うに見えます。

力の抜き方を覚えて仕事を流すようにやっている人は、仕事を始めたばかりで何もわからな

かった頃を思い出し、丁寧に心を込めてやってみるといいと思います。

仕事で運に恵まれないというのは、丁寧にやればいい結果につながるのに、手を抜く習慣が

染みついてしまっている点に理由があるように感じます。

開き直り

「開き直り」は「逃げ」である——桜井章一

人生には追い詰められ、四方八方どこを見ても逃げ道がないと思うときがある。そんなときは観念して、「開き直るしかない」という心境になる人もいるだろう。

開き直った人を見ると、「さあ、どこからでも来い」と苦境に対して勇ましく立ち向かっているような雰囲気がある。しかし厳しいことをいえば、開き直るのは結局、これ以上粘るのは無理だとギブアップしているようなものだ。つまり、行き詰まった状況から逃げているのだ。

会社を再建中の経営者が大勢の債権者に厳しく追及され、あまりの辛さから開き直ってしまっては、再建どころの話ではなくなってしまう。

開き直るというと、腹が据わっているようだが、打つ手が見つからなくてあきらめたということなのだ。強いから潔く捨てているのではなく、弱さからそうしているのである。そんな開き直りが事態を好転させることはまず期待できない。

打つ手がまったくないということは、たいていの場合、本当はないと思う。必死になって探せば、どこかにそこから抜け出す小さなきっかけを見つけることはできるはずなのだ。その小さなきっかけを足場にして粘って頑張れば、やがて突破口は開けてくる。

覚悟という言葉は、いまやかなり安っぽい使い方をされるようになってしまった。

だが、本来覚悟というものは、下手をすれば命を失うとか、自分の人生が崩壊するかもしれない瀬戸際でなされるものだ。

厳しいせっぱつまった状況で覚悟を決めるというのは、苦しさやのしかかる大きな不安もすべて受け入れ、正面から立ち向かおうとすることだ。「できることを一つひとつやっていこう」と思いながら、手探りでも前へ進む。そうこうしているうちに、不安や焦りでわからなかったものが見えてきたりする。

このように「開き直り」と「覚悟」は似たような状況で行われることがあるが、やっていることは正反対である。

もっとも本心ではあきらめてはいないものの、気持ちの部分だけ開き直ったように振る舞うというのは、そんなに悪いことではない。張り詰めていた気分をほぐす効果があるからだ。それがちょっとした気分転換になって、何かいいことがひらめいたりすることもあるだろう。

開き直ったら状況が好転したという人は、たいがいこういう気持ちの切り替えが功を奏したというケースが多いのである。

開き直ると仕事も運も失う――藤田 晋

ギリギリの戦いを制し、勝利をものにしたスポーツ選手が試合後のインタビューで、「最後は開き直ってやりました」ということがあります。

開き直るという気持ちが、気負いすぎて緊張で張り詰めた精神をほぐす効果は確かにあるのかもしれません。このような局面で開き直りという言葉がしばしば使われるので、開き直りをポジティブなこととしてとらえている人はけっこういると思います。

しかし、仕事では開き直ったら終わりです。トラブルで精神的に追い込まれた人が開き直っているのを見ると、ものすごく無責任に感じます。会社組織にいる人は、みんな自分の顧客や会社でともに働く仲間、あるいは家族などに対して責任を負って仕事をしているわけですから、開き直るということは非常に自分勝手な振る舞いなのです。実際にそれだけの重い責任を感じていれば、開き直ることなどとてもできるものではありません。

昔、僕が会社をつくるときに、出資をしてくれた株式会社インテリジェンスの宇野《うの》康秀《やすひで》社長(当時)から「好きにしていいけど、馬とフェラーリだけは買うなよ」といわれました。競走馬とフェラーリを買った人は、たいがい事業に失敗しているというのです。調子がよいときに派手な生活をしている象徴のようなものになるのか、実際に元ライブドア社長の堀江貴文さんをはじめ馬とフェラーリを買った経営者を何人か知っていますが、気味が悪いくらい失脚の経験をした人が多いのです。

もちろん僕は、宇野社長の言いつけを守って、馬とフェラーリを買うことはしませんでした。でも一度、赤字が続いて世間からもひどく叩かれ、ひたすら耐えている一番苦しい時期に、とある百戦錬磨の先輩経営者に「もうどうせ叩かれているんだし、開き直ってフェラーリに乗ってもいいですよね」と冗談ぽくいったことがあります。するとその先輩経営者は突然表情を変えて「藤田君、開き直ったら終わりだよ」と厳しい口調でいいました。

その言葉がずっと自分の頭の片隅に残っているのですが、「いつか見てろよ」という反骨心でひたすら耐えている時期に、自暴自棄になったらすべてが台なしということだと思います。

麻雀でも、負けが込んで開き直って乱暴に打つことを暴牌《ボウハイ》といいますが、それをやると傷口が広がるだけでなく、次の局以降も不思議とツキがなくなります。

仕事での開き直りは自分勝手で無責任な行為ですから、当然周りの心証《しんしょう》が悪くなり、それ以降の仕事にも悪い影響を及ぼします。麻雀同様、一度開き直ると運の流れが悪くなって、それを元に戻すにはけっこうな時間がかかるものです。開き直っていいことなど、ほとんどないと思っておいたほうがいいと思います。

ポジティブ思考

ポジティブ思考は成長を妨げる——桜井章一

ちょっと前に、ある宴席で「桜井さんは基本、ポジティブ思考をされているんでしょ?」という質問をはじめて会った人からされたことがある。その人は私のことをあまり知らず、その場にいた他の人から「あの人は20年間無敗の勝負師だよ」と教えられたらしい。勝負師というものに、「ポジティブにものごとをとらえる」→「運に恵まれる」→「勝負に勝つ」というイメージを抱いたのだろう。

誠に単純な連想だが、確かに何に対しても積極的に考え行動すれば、運がやってくる確率は高くなる。だが積極的にやりすぎて力が入ってしまうと、運はやってくるどころか、離れていくものだ。

単純にポジティブな思考をしていれば、運に恵まれるという話ではないのである。

そもそも私はポジティブ思考の持ち主ではない。積極的に何かを狙って考えたり、行動したりするということはほとんどないからだ。だからといって悲観的にものごとをとらえたり、行動が消極的ということもない。

　ポジティブであろうと意識して思うこともなければ、何でも斜に構えてネガティブにとらえる習慣があるわけでもなく、そのときどきの自然な感情に身を任せればいいやという姿勢で生きているだけのことだ。

　前向きに明るく生きるのは、もちろん悪いことではない。何に対して前向きかによって意味合いや値打ちは変わってくるものの、いつも後ろ向きで暗い人よりは生き方としては断然いい。

　だがポジティブな思考が強すぎると、ちょっと問題だ。

　気分が塞いでいるようなときに「ポジティブな気持ちに切り替えなければ」と思うと、心にはけっこう負荷がかかる。すぎたポジティブ思考は、「暗い私」は本来の自分ではなく、本当の姿は「明るい私」だと思い込んでしまうのだ。そうなると「暗い私」は排除すべき嫌なものになってしまう。

　人の生《なま》の感情というのは、理性で都合よくコントロールできるものではない。そこを無理にやろうとすると、強い葛藤が生じ、心は確実に消耗していく。

　絶えず強すぎるポジティブ思考でいるのは、「空は毎日さわやかに晴れ渡っていなければいけない」といっているようなものだ。しかし実際には、晴れの日ばかりが続くわけではない。雨が降る日もあれば、曇りや雪の日もある。

人の心も天気と同じだ。晴れて明るいときもあれば、暴風が吹き荒れるような暗いときもある。天気と同じように心も刻々と変化する。その自然な変化を素直に受け入れることが、心に負荷をかけない生き方なのである。

ポジティブ思考をいつも心掛ける人は、実は人としてあまり成長しない。辛いときや悲しいときに、ポジティブ思考で無理に明るく振る舞おうとすることは、嫌な現実から目をそむけた逃避行動になるからだ。

心の成長というものは、自分の弱かったりダメだったりする部分をしっかり見つめることでなされる。いい部分、プラスの部分だけを大事にして成長するのではない。気持ちが落ち込んだりしているときは、その気分のままに自分のマイナス面を見つめることだ。それをどれだけできるかが、人としての成長につながるのである。

ポジティブすぎると失敗する――藤田 晋

会社はポジティブな人をマジョリティにしてつくるべきだと思っていますが、一方でポジティブな人には弱点があります。

それは仕事の詰めが甘くなる傾向があることです。仕事というものは、最後の最後にどれだけ粘れるかによって、結果に圧倒的な差がつくものです。

うちの社内では書道家の武田双雲《たけだそううん》さんに書いてもらった「集中　深掘《ふかぼり》　細部」という大きな書が新規サービスをつくる部署のあちこちに貼ってあるのですが、仕事は細部にこだわり、いかに深みをつくれるかで完成度が変わってきます。

ところがポジティブすぎると、つい楽観的になって、最後のところで「本当にこれで大丈夫か」という確認を怠ってしまうのです。うちの社員を見ていると、もっと粘るべきじゃないかと思うところで、「よし、できた。完璧だ。みんなで飲みに行こう！」となったりしています。

製品の開発などは、どこかに穴があるのではないかとネガティブな態度で最後にチェックを行うことが非常に重要で、僕がそれを口を酸っぱくしていったので、うちの会社では「ネガティブチェック」というのが合言葉になっています。「よし、これでできた」と思っても、そこで立ち止まって「待てよ。もしかして重大な見落としがあるんじゃないか」とか「ひょっとしてユーザーが使ってくれないのではないか」と思って確認するべきだと思います。最後の最後で「抜け漏れはないか」を徹底的にチェックして、はじめて完成といえるのです。

チームを率いる立場の管理職の人でも、ポジティブな振る舞いで、自分の力量不足をごまかす人がいます。うまくいっていなくても「次は絶対成功するはず」と考えて逆転を狙う姿勢を見せるのですが、結局問題は何も解決されていなかったりします。ポジティブさや熱意でごまかしても、いつまでたっても根本的な解決にはなりません。

問題が起きたときに、ポジティブ思考で楽観的に構えている人はとても気になります。「大丈夫ですから」「なんとかなりますよ」というのは逃げの裏返しでもあって、問題の深刻さと真剣に向き合っていないのではないかと僕には思えるからです。

ネガティブに考えるというのは、現実的にものごとを考えるということです。現実と向き合うのは辛いことです。できることなら直視したくはない。だから、たいていの人はそこから目をそむけて仕事をしたり、生きているのかもしれません。

製品の質が悪いのに、「これをなんとか成功させてみせます」と意気込んでも、まったく意味がありません。悪いものは悪いのです。現実の姿をちゃんと見て、至らない部分を埋める努力をしないといけないのです。

もちろんいうまでもなく、ネガティブなだけではダメだし、最終的にはポジティブに構えなければならないのですが、ポジティブすぎる人は、ちゃんと現実と向き合えているかどうか、注意が必要です。

努力

努力にこだわると成長は止まる――桜井章一

血のにじむような努力を重ね、栄えある賞を獲る。たとえばオリンピックで金メダルを獲るとか、伝統ある芸術関係のコンクールで最優秀賞に選ばれるとか、それまでの努力が一気に報われるといった光景は、人を少なからず感動させる。

だが、メダルを獲ったり、賞に選ばれた人自身が感動しすぎると、その人の成長はそこで止まってしまう危険がある。

「これだけのことをよくやってきたもんだ。我ながら本当に努力をしたな……」という思いがあまりにも強いと、自分がやってきた努力が捨てられなくなるのだ。

思い描いていた最高の目標に到達して、双六でいうと上がりのような気分になってしまうのである。

だが、高いレベルを維持し、さらにもっと上へ行こうとするなら、それまでの努力にはこだわらず、それを捨ててしまうような気持ちにならないといけない。「こんなすごい努力をしてきたんだ」と、努力を誇らしげに見せびらかす勲章にしてしまってはいけないのだ。

自分の中で重ねてきた努力を過大評価するようになると、次第に「これほどの努力をしたんだからメダルや賞を獲るのは当たり前」という慢心を起こしかねない。そうなると、さらなる努力を怠ってしまい、そのレベルを維持することすらできなくなってしまうだろう。自分がしてきた努力がどれほどすごいものであっても、努力にこだわってはいけないのだ。

以前、卓球のオリンピック選手が、私に体の使い方に関してアドバイスを求めて、道場に来たことがあった。「練習量では誰にも負けていない。これだけ練習したんだから、もっと成果が出ていいはずだ」という思いを彼女は抱いていた。しかし、これだけ練習したから、それに見合う成果が返ってきてほしいと願うのは、かなり一方通行の思いである。それで彼女には「それじゃ、ストーカーだよ。卓球からもっと愛してもらえるようにならないと……」といったことがある。

努力に囚われすぎないためには、周りの人への感謝の心を持つことも大事だ。つまり、それだけ努力できたのは自分一人の力だけではなく、環境や周囲の人のおかげだと思うのだ。

努力を信じて目標まで到達したとしても、その時点で努力はもはや過去のものであり、信じられる対象ではなくなっていることに気づかなければいけない。

ところが努力にこだわる人は、著しい成果を上げたりすると、自分の努力に対する強い信仰者になってしまうのだ。

私は麻雀において自分が努力をしてきたという思いも、またそこから湧き起こる自信というものも強く持つことがなかった。

それよりも、勝負に対する準備をちゃんとやってきたという納得感、厳しい勝負を体を張ってしのいできたという納得感、麻雀から大事なことをたくさん学んできたという納得感、そんなさまざまな納得感ばかりがあったような気がする。

自分が重ねた努力に、逆に足をすくわれるようなことになってしまってはいけない。

積み重ねてきた努力がいい運の流れをもしつくっているのであれば、節目、節目でそれまでの努力を捨ててしまうような潔さこそ必要なのである。

努力は勝率を上げるが、成功を保証しない——藤田 晋

仕事や経営の成功というものがもし努力の結果であれば、単純に一番努力した人が成功するはずです。しかし、残念ながら現実はそうはなりません。努力は一要素でしかない。

努力というのはあくまで本人の問題であり、どれだけ努力したかは自分以外、誰一人として本当のところはわかりません。周りは結果をもってしか評価のしようがないのに、「これだけ

努力したのだから認めてほしい」というような人は、その時点で甘ちゃんです。

僕は会社を始めた頃、週に110時間働いていました。平日は朝9時から深夜2時まで、土曜、日曜は12時間ずつ働くと、ちょうど110時間になります。要は寝る時間以外、全部働いていました。その頃は、海外旅行に頻繁に行ったり、恋愛に興じたりする友人たちを見ても、少しも羨ましいとは思いませんでした。

努力の仕方としてはかなりのものでしたが、それでも「これだけ努力しているんだからなんとかなる」なんてことは1ミリも考えませんでした。その頃、前職の先輩には「長く働けばいいってもんじゃないよ」と諭《さと》されましたが、長時間働いていたのは目先の成果が欲しかったからではなく、がむしゃらに働くことで自分たちを好循環に乗せ、勝つ確率を0・1%でも上げたいという思いからだったのです。

ある雑誌のインタビューでは「これから先、不安はないですか?」と聞かれ、「これだけやってダメだったら仕方ないと思えるくらい仕事していますから」と答えていましたが、確かに不安を感じる時間的な余裕がなかったので、それはよかったのかもしれません。

それだけ努力しても、成功する保証などない。それがビジネスであり、経営であり、仕事なのです。そんな保証もないものに、みんな人生を賭けているという事実をまず知らないといけないと思います。

個人的に親しくさせてもらっている歌手のＧＡＣＫＴさんは、相当な努力家です。ボーカル以外にもギター、ドラム、キーボードといった楽器も全部完璧に演奏できるし、５カ国語を話せる。体のコンディションを考えてお酒はほとんど飲まず、肉も食べない。それほど努力している彼が「自分は本当にストイックだと思う。でも女やドラッグに溺れているようなやつがさらっと名曲をつくることがあるんだよね」と冗談めかしていっていました。努力というものが何も保証しないことを、ＧＡＣＫＴさんは身をもって理解している。それでも暗闇の中で跳躍を重ねるように圧倒的な努力を続けているからこそ、厳しい芸能界で長年にわたって活躍し続けていられるのだと思います。

たとえ全身全霊を傾けた努力であっても、うまくいく保証はない。それでも努力は勝つ確率を上げてくれます。そのために大事なのは、「正しい方向に努力しているか」ということです。努力の方向を間違えれば、いくら努力をしても勝率は上がりません。

努力する方向性をつかむには、「ここを押さえればいい」といった勝負勘のようなものが必要です。ただし、こういうセンスは努力する以前に培っておかないといけないものです。

努力する正しい方向をつかんだ上で、すべての力を出しきって圧倒的な努力をする。そうすれば成功する確率は格段に高くなります。

努力すべきところで全力を出しきれず、中途半端なまま終わってしまえば、死ぬまで悔いを引きずることになると僕は思います。そんな後悔を前にすれば、夢が叶えられないとか、欲望が満たされないといったことは取るに足りないことです。人生で何よりも辛いのは、悔いを残したまま一生を終えることだと思っています。

思い込み

「思い込み」が強いと運が逃げる

桜井章一

「最近どうもツイてない」「運から見放された気がする」――そんな気分に陥っている人がもしいるなら、自分がいま一生懸命やっていることが、正しいのかどうか疑ってみるといいと思う。

思い込みというのは、いうなれば固定観念のことでもあるが、単なる固定観念ともちょっとニュアンスが違う。

固定観念はあまり考えることもなく身についてしまった空気のような軽さを持っているが、思い込みはある対象に対して意識的に考えを強め、フォーカスをかけていくようなところがある。

それゆえ思い込みというものは、思いがどんどん重くなっていくという印象がある。感覚で何かをとらえることは軽やかで執着というものがないが、「考えることは重たい」ものなのだ。

地球上に存在する生き物の中で群を抜いて考える力が発達しているのは、いうまでもなく人間である。人の脳が自然界の生き物の中で一番大きく重いことは、考えるという行為が重い印象を与えることをそのまま象徴しているかのように私には感じられる。

人のさまざまな考えの中でもっとも重たいのが、思い込みである。思い込みの強い人は、自分の考えを強く思い込むことで、他人との間にさまざまな軋轢《あつれき》が生じたり、衝突する確率が高くなる。

思い込みの強い人と一緒に仕事をしたり、生活をともにするのはけっこう大変である。それゆえ人が離れていくと同時に、運からも見放されることになる。

思い込みというのは重たいので、錘《おもり》がついたように底に沈んでいる。「それは思い込みにすぎないよ」といって、周りの人がその思いを引き上げて証明してみせるのは一苦労だ。

思い込みの強い人は、なぜそうなるのだろうか。思い込みの強い人というのは、概して心の底に不安を抱えているものだ。その不安をなんとか解消しようと、思い込みという決めつけをして安心を得るのである。

いうなれば不安を解消するために出した自分なりの解答が、思い込みという形になるわけだ。

「自分は正しい、絶対に間違っていない」というタイプの人がよくいる。こういう人の思い込みを正すのはなかなか難しい。思い込みを正すのに違う考えをぶつけても効果はない。

あくまでその人が正しいと思い込んでいることとは違う具体的な例を見せることしか、解決方法はない。

思い込みは、何も悪いほうや間違ったほうに思いが囚われているものばかりとは限らない。私はよく「いいこと病」と呼ぶのだが、いいことに囚われている人も強い思い込みからそうなっている。

ボランティアで掃除の活動を熱心にやっている人から、かつてこういう愚痴を聞いたことがある。

「悪人同士は悪巧《わるだく》みで一致団結したりしてまとまりやすい。ところが、善人同士はともにやろうとするボランティア活動に対して意見がたくさん出すぎて、なかなかまとまらないことが多いんです」

「いいこと」というのは、思い込みの方向や程度によっては、それを共有しない人を攻撃する道具になったりするのだ。

私は思いを持つなら、「ふと思う」という感じにしたい。そういう思いは瞬間のものなので、重たくはならない。軽やかに漂ってスッと消えていく。

思い込みに囚われた重たい思いよりも「ふと思う」という思いのほうが、その人らしい「いい味」が出る。

「重たい思い」というのは、その人の本来のよさまで隠してしまうのだ。

二度続く成功パターンはない――藤田 晋

僕は一度成功したことに関してはそれをチャラにして、フレッシュな気持ちを持つようにしています。成功体験の記憶に執着し、「このパターンでいけば勝てる」と思い込んでいたら、そうそう勝てなくなるからです。とくにいまのように変化が激しい時代であれば、なおさらです。

成功したのは、流れのタイミングが見事に合っていたとか、自分の年齢的な要素が大きくものをいったとか、かなり恵まれたポジションにいたとか、さまざまな偶然の条件が重なってのことです。

こうした条件は、時間の推移とともにどんどん変化していきます。そうすると当然ながら、同じ条件がそろった成功パターンでも再びうまくいく確率は非常に小さくなります。

たとえば、デビューしたてのサッカー選手は、活躍したら対戦チームがすぐ対策を立ててくるので、同じやり方があっという間に通用しなくなります。最初はどんな攻撃的な動きをするか、どんな特徴があるプレイスタイルかを相手が読めないので、活躍しやすいものなのです。

ビジネスの成功体験もそれと同じです。成功するということは皆に知られるということなので、あの方法で金が稼げると思えば、あっという間に研究され、真似をされて、同じ手法は二度と通じなくなってしまいます。

それでも過去の成功パターンの記憶にすがろうとする人が多いのは、つまるところ不安感が大きいのです。強い不安があるゆえに、新しいパターンで挑戦することを考えないようにしたり、たとえ考えることがあっても、怖くて足を踏み出せないのです。

新しい事業を立ち上げた経営者が、「昔当てたサービス事業と感じや成り立ちがまったく同じに見えるんですよ」と既視感があるようにいってくるときは、だいたい失敗に終わります。

新人タレントを売り出そうとしているある芸能事務所の人が、「昔いた○○というタレントが売れたパターンとすごく似ているんですよ」といっていたのを聞いたことがありますが、こういうケースはたいがいうまくいかないと思います。当時とは状況が異なるからです。

秋元康さんはＡＫＢ48も、かつて絶大な人気を誇ったおニャン子クラブもヒットさせていますが、その2つのパターンはまるで異なっています。

ヒットというのは、複雑な要素が偶然ともいえる微妙なバランスで組み合わされて、成り立っています。ですから同じパターンで同じ結果を再現するということはありえないのです。

僕も麻雀では勝ちパターンに囚われて負けたことが何度かあります。がんがん鳴いて積極的に攻めて勝っているから、今回もそれでいこうと同じことをしていると、やがて負けていくのです。前回勝ったときは、対戦相手3人の戦術のバランスの按配《あんばい》にうまくはまったにすぎなかったのです。

相手が変われば、状況は異なります。一度うまくいった成功の型に囚われてはダメなのです。常にその場その場で状況を判断する力が問われます。

自分の過去の成功パターンがうまくいくと思い込んでいる間にも、周りはもっと変化し、進化しています。その思い込みが強いと、やがて周りから時代遅れだと思われ、人が離れていき、結局は運を遠ざけてしまうことになるのです。

心の揺れ

心の〝いい揺れ〟を意識する

桜井章一

最近、私は色紙にサインを頼まれると、「揺れない心」と書くことが多い。それは以前と比べて、心を揺らす人が増えたなという印象を持っているせいかもしれない。

もっとも正確なことをいえば、生きている人間の心で、揺れていない心などありえない。まったく動きもせず、変わることもない心があれば、それはちょっと異常な状態である。おそらくまったく揺れない心を持っているのは、死んだ人間だけだ。

人の心は、絶え間なく動く。問題は、いい揺れ方をするか、あるいは悪い揺れ方をするかである。結局、どんな揺れ方をするか、どんな動きや変化をするかということが大事であって、いい揺れ方をし、いい動きをし、いい変化をしていれば、それこそが「揺れない心」と呼べるだろう。たとえば、感情に曇りがなく穏やかな気分でいるときなどは、心が揺れていない状態である。

心が激しく揺れている人は、何かに強く囚われていたり、リズムが一定していない揺れ方をしている。つまり悪い揺れ方をしている。

揺れない心のイメージとは、たとえば風で葉や枝を揺らしながら、太い幹は微動だにしない大木のようなものだ。

人を評して、よく「ブレている」「ブレていない」といったりするが、ブレた状態とは、「いい揺れ」から外れることで起こる。「いい揺れ」からしょっちゅう外れてしまう人は、つまるところ自分のしっかりとした軸を欠いているのだ。

ところが怖いのは、明らかにブレているなと思える多くの人が、当の本人は自分のことをブレているとは全然思っておらず、むしろ他人のことを「あいつブレてるな」などといって批判がましく見ていたりすることだ。

それだけいまの社会は、心を揺らしすぎた人が異常に増えているということなのだろう。私が見るところ、8割ぐらいの人は、ブレた悪い揺れ方をしているように感じる。

だが、かくいう私も「俺は大丈夫」などとは微塵《みじん》も思っていない。むしろ「俺も下手すれば危ないな……」と思うほど、足元に得体のしれないものがひたひたと迫っているのを感じる。

そう思ってしまうほど、過剰な刺激と目まぐるしい変化に富んだ社会に、我々は生きているということなのだろう。特殊な環境ゆえに揺れすぎてしまうのであれば、それを個人の努力だけで収めるのは難しい面もある。

とはいうものの、考え方なり、行動なりを意識して変えていけば、「いい揺れ」に近づいていくことは可能だ。つまり、何もないところから「いい揺れ」を目指すより、「悪い揺れ」が起こる原因を理解し、それを取り除いていけば、心は自然と「いい揺れ」になっていくものなのである。

孤独と批判は心を強くする——藤田　晋

現代社会は人が心を揺らしやすい環境だと思います。テレビに出て話をする人、新聞や本に文章を書く人、ネットに書き込む人、いろいろな人がさまざまな立場で自分の考えを発信する。これはみんな多かれ少なかれ、自分が有利になるよう誘導するポジショントークのような面があります。そうした中で自分を強く保ち続けるのが本当に難しい時代だと思います。

棋士の羽生善治さんが「楽観もせず、ましてや悲観もせず、ただひたすら平常心で」というようなことをいわれていましたが、揺れない心でいるには、まさにどれだけ平常心でいられるかだと思います。

勝負でも仕事でも過度に楽観すれば足をすくわれるし、悪い時期に悲観する一方であれば、ますます悪い流れになる。日々淡々とやるべきことをやれる人は、心の揺れが少ないはずです。

政府系の機関が主催している「JAPAN Venture Awards」という、優れたベンチャー企業の経営者に与えられる賞があります。以前、その宣伝広告に「ハートが一番熱い起業家は誰だ！」というコピーが添えてありました。

しかし、起業家にもっとも必要なのは「ハートの熱さ」ではなく、「ハートの強さ」だと僕は思います。思いが強くても、それだけではただの自己満足です。批判や辛い孤独にも耐えられる心の強さこそが大事なのです。批判や孤独に弱い人は多数派に流されやすいですが、ハートの強い人は周りの人と価値観が違っても、簡単に惑わされることはありません。

ありがたいことに、僕は人から「藤田はブレない」といわれることが多いです。いまでこそ自分の強みはハートの強さだと自負していますが、僕も昔から孤独や批判に強かったわけではありません。

それでも心が強くなったのは、孤独な局面を幾度も経験し、数えきれないほどの批判に耐えてきたからです。

ちょっとやそっとのことで揺れない強い心というのは、仕事をしていく上で強力な武器になります。簡単に揺れることがない心には、確固とした軸があるからです。

軸がない人は、他人と比べてどうだとか、他社と比べてどうだとか、すぐ人と自分を比べる傾向があります。軸がブレやすい人は、同年代の人間が会社を立ち上げて話題になっているとか、ストックオプションで大金を手にしたというようなことをどこかで聞いただけで、心を揺らしたりします。根拠もなく「俺も何かしなくちゃ」という気持ちになるのでしょう。

揺れない心を身につけたければ、他人との比較ではなく、自分の中にある「意地」や「プライド」と向き合いましょう。それを何度も繰り返していくうちに、叩かれてもくじけない「強いハート」を手にすることができるのだと思います。

心の囚われ

ネガティブな連想は意識的に切る

桜井章一

あなたは夏場、うだるように暑いとき、どのような思いを抱くだろうか。「暑いなあ……」という感想を抱くだけでなく、「こんなに暑いと仕事なんかやっていられない」と思ったり、「ああ、嫌だ。早く秋にならないかな」と思ったりしないだろうか。

だが、そう思えば思うほど、暑さは厳しく感じられるものだ。その人は暑さというものに余計な感情や思考を加えることで、暑いことに気持ちが必要以上に囚われてしまっている。そのためになおさら暑いことを辛く感じてしまうのだ。

人の意識はこのように何かマイナスの負荷がかかったとき、半ば無意識に悪いほうに想像を広げる癖を持っている。意識がこういう癖を持っていることは、よく理解しておいたほうがいい。マイナスの想像は、いい流れを止めることもあるからだ。

そんなとき、暑いことにむやみに囚われないためにはどうすればいいか。それは暑いという事実だけを受け止めていればいいのだ。「今日は暑い。温度は32℃か」、それで終わりにすればいい。

「暑くて何もできない」といったん思い始めると、「暑い」という事実から、どんどんマイナスのほうに発想が広がってしまう。そんなスイッチが入る手前で連想を止めるには、ただ暑いという事実を素直に受け止めるだけでいい。あるがままに事実を受け止めて、次の瞬間には別のことをさっと考える。

私はパソコンやスマートフォンの類を持たず、メールというものをやったことがないが、若い人からメールによって人間関係がまずくなったということをよく聞く。なんでも、出したメールに対して返事がこなかっただけで疎遠になるケースも多いという。

出したメールに返事がこないからといって、相手は必ずしも悪感情を抱いているわけではあるまい。返事がないと、「なんかまずいことを書いたのかな?」とか「軽く見られているに違いない」などと悪いほうへ連想を広げたりするらしいが、相手がそのときたまたま忙しくてできないとか、メールというコミュニケーション自体を重要視していない可能性だって十分あるだろう。

仕事のやりとりで返事がないのは困るが、プライベートであれば、返事がこないことに対しては「返事がない」という事実だけを受け止めて、そこからいろいろな想像をすることを「止める」ことが大事だ。ひとたび連想が始まると、返事がこないということに心が囚われて止まらなくなってしまう。

心が囚われる前でスイッチを切る。連想を止める。仕事でも生き方でもネガティブな連想に囚われがちな人は、そんな〝止める〟習慣を身につけるといいと思う。

執着するとツキが落ちる——藤田 晋

麻雀をやっているとき、思わぬことで調子を崩すことがあります。同じ卓にいる人の仕草やちょっとした癖のようなものが気になり出して、冷静な判断ができなくなるのです。自分の気持ちを落ち着かせるかのように独り言を絶え間なくしゃべっていたり、打つときに体がいちいち大げさに揺れたりする人がいると、それに違和感を覚え、気になって仕方がなくなり、なかなかそこから抜け出せなくなってしまうのです。

仕事をしているときにも、このように気持ちがマイナスのことに囚われて、平常心を失ったり、目の前のことに思うように集中ができなくなることがあります。それは実に些細なことがきっかけだったりします。

ビジネスマンから悩み相談を受けたりすると、隣に座っている同僚が苦手で仕事に集中できないというものがたまにあります。この手の悩みは意外と多くの会社員が持っているようです。

ただ、あまり気にしすぎると仕事運が落ちるので、そういう場合は何らかの方法で切り替えるなど、自分で工夫をするしかありません。

スポーツは気が散ることがあると、如実にその影響が表れるものです。ちょっと前のことですが、僕と一緒にゴルフを回っていた人が、後ろの組に何度かボールを打ち込まれたことに怒って、それがきっかけで自分の調子を乱したことがありました。

極度の集中力が求められるスポーツの場合、いったん何かが気になり出すと、気持ちがそこに取られて深刻な影響を受けてしまいます。

会社を辞めて転職したり、独立したりした後も、前の職場の動向が気になって仕方がないという人がいます。前の会社の情報を集めたり、悪口をいったり、人を引き抜こうとしたり……。せっかく新しい環境を手にしたのに、そんなふうに後ろ向きのことに囚われているうちは運気が上がることはないでしょう。

ネットの世界にも心を惑わすものがたくさんあります。だからといって、いまという時代を生きている以上、そのすべてをシャットアウトするわけにはいきません。僕もネットでは会社の悪口を散々書かれてきましたが、最近は不感症になったかのように気にならなくなりました。昔は腹を立てることもありましたが、現在は心が鍛えられ、強くなったのだと思います。

心が何かに囚われたり、執着することは、ツキを落とす方向に自分から流れを持っていくようなものです。

とはいえ、スイッチを切り替え、そこから離れることも容易ではありません。解決法としては心を鍛えるしかないわけですが、どうしても気になってしまう人は、時間を忘れるほど何かに没頭することが、囚われから生じるマイナスを防ぐもっとも効果的な方法だと思います。人間は時間があると、余計なことをたくさん考えてしまうものですから。

基本

不調のときは「基本動作」に立ち返る

桜井章一

スポーツ選手は調子を崩したりすると、「基本に戻る」ということを意識的によくやる。野球だったら、バットの素振りを地道に繰り返すとか、足腰をより強くするためにランニングを徹底してやるとか、土台づくりの部分をいま一度チェックし、しっかりさせることから再起をはかるのだ。

人生における不調も、それと同じだ。仕事や人間関係でどうもつまずきが多い。全体の運気が下がっているような気がする。そんなときは、人生の基本動作というべきものを意識して行うことだ。

私は勝負を通して体得した麻雀の基本の動作や心構えを、生活のすべての局面においても忘れないようにしている。ものごとがうまくいくときのやり方、気持ちよく感じるときの行動、そうしたものはすべて基本の動作や心構えから生まれるのだ。

では、私が思う基本の動作や心構えとは何か。

それはさまざまなものがあるので簡単に一言に収めることはできないが、主だったものをいくつかあげてみたい。

たとえば麻雀の牌はどれだけ柔らかく打てるかでその人の実力がわかったりするが、麻雀に限らずどんなことにも力を抜いて柔らかく考え、動くことはとても大事だ。これは基本中の基本である。

スポーツでも力が入っていると体が硬くなっていい動きができないのと同じで、仕事でも生き方でも気負いすぎて力が入っているときは、いい結果は生まれないものだ。

よい加減で力がフワッと抜けたときの状態は、柔らかい強さを持っている。心がしなやかになり、考え方も柔軟になる。変化や流れを瞬間に察知し、自在に対応できる。変化に間に合わなければ「間抜け」な状態になってしまうが、力が抜けて柔らかければ、間抜けな状態には決してなることはない。

考えるより、感じる。これも私が繰り返し道場生にいっていることだ。人は考えるほどに迷いを深くする生き物だが、感覚を研《と》いで感じることを生き方の基本に置けば、的を射る機会は増えていくはずだ。

また全体観を持つことも大切だ。自分のことだけでなく、相手や周囲のことも考える相対感を広げていくことで全体観になる。自分のことばかり考える部分観だけでは、一時は得るものが多くなったりするが、最終的には得るものより失うもののほうが多くなるものだ。

そして「素直と勇気」。あまりにもありきたりで、わざわざ口にするのも気恥ずかしい気が昔はした。しかし、この2つの言葉は実はとても深いものを持っている。この2つのものがしっかりありさえすれば、他に何もいらないのではないかというほどに。

素直というのは素の自分になること。素の自分を知ること。知識や見栄といったさまざまな飾りを取っ払って素になることで、ものごとがすごくよく見えるようになるのだ。また、自分の道を切り拓《ひら》き、納得感のある生き方をするには、勇気は欠かせない。

どんな人でも生きていれば調子を崩すことはある。都合の悪いことが起きたり理不尽だと感じたりして、どうにもならなくなるときもある。そんなときは、人生の基本動作や心構えに戻ることだ。それをしっかりやっていけば、必ず運気は戻り、救われると思う。

流れが悪いときこそ丁寧にやる――藤田 晋

麻雀で立て続けに大きな振り込みをしたりすると、ペースを乱してどんどん荒れていく人がいます。こういう人は麻雀が弱いのですが、そんなときこそ投げやりになったりせず、落ち着いて基本に忠実にやらないとダメだと思います。

仕事も同じで、何か大きな失敗をしたり、景気の悪化などの影響で調子を落としそうになったときは、僕は仕事の基本を確認し、そこに戻るようにしています。流れが悪いときは、何をやっても裏目に出やすいからです。

崩れかけた態勢を立て直すには、まず自分のペースを取り戻すことです。

そのためには失敗にフォーカスしたり、調子を取り戻そうとする気持ちを切り替え、全体観を持つようにします。全体観があれば、気持ちも次第に落ち着いてきます。

失敗したときは慌てて回復をはかろうとしますが、焦ってやると、余計にペースを乱すことになります。

社員がミスを起こしてクライアントに謝りに行ったのに、よりによって同じクライアント相手に再びミスをするという光景を目にすることがあります。ミスを繰り返すのは、焦って慌ててやるからです。こういうときほど、丁寧にやるという基本に戻らないといけないのです。

桜井さんは「素直と勇気が大事」といわれますが、まさにその通りで、調子を崩しているときや苦境のときは、真っすぐな素直さや勇気があれば救われると思います。

ところが苦しいときは素直さを失って、疑心暗鬼になりがちです。「なぜ俺がこんな目に遭っているんだ……」とか「もしかして騙されているのかもしれない」などという気分に陥り、いろいろなものが信じられなくなることもあります。

そういうときこそ、我に返って、素直に自分を見つめることが重要なのです。素直になれば、あれこれ考えて複雑になっているものを、シンプルにとらえることができます。それによって視界が開け、進むべき道筋が見えてきたりします。

慌てず丁寧にやる。全体観を持つ。素直に自分を見つめる。

こうしたことが、流れが悪いときに仕事をする上での僕の基本姿勢なのですが、とりわけ丁寧にやるということは、とても大事だと思います。

大きなミスをしたときでも、丁寧に気持ちを込めて仕事をしていれば、自然と気持ちは落ち着いてくるものです。すなわち、平常心に戻れるのです。平常心になれば、自分に素直になって、全体を広く見ることも可能になります。

悪い流れであっても、丁寧に、丁寧にやっているうちに、流れはいいほうへ変わっていくものです。

4章 ツキを持続させる

終わりと始まり

「終わり」を「始まり」にすると、ツキが持続する──桜井章一

ものごとにはすべて「始まり」と「終わり」がある。生活、仕事、人間関係、どんなものにも始まりがあって、終わりがある。人の命にも、誕生と死という始まりと終わりがある。来し方を振り返ると、私にもさまざまな始まりと終わりがあったなと思う。大きな節目では、必ず何かが始まり、何かが終わった。

始まりというのは緊張や不安もあるが、同時に手つかずの新鮮さに満ちている。麻雀の勝負師として歩み始めたとき、雀鬼会を立ち上げたとき、何か新しいことを始めたときは、いつもわくわくするような楽しい気持ちがあった。

反対に何かが終わるときは、いつも寂しいものだ。代打ちを引退したとき、道場生たちとともに生活し遊んだ海辺のひと夏が終わったとき、道場生たちと一生懸命準備し練り上げた大きなイベントが終わったとき……。終わりはいつも「ああ、寂しいな」という気持ちにおそわれる。

しかし、終わりというのは、新しい始まりなのだ。

私はいつも、すべてが始まりと思うようにしている。何か楽しいことやいいことが終わったときに、気持ちを引きずりたくないのだ。

何かが終わったら、チャラだと考えるのである。終わってしまえば、それまでのプラスもマイナスもすべてゼロに戻るという感覚なのだ。

終わりをすべて始まりだと思えば、いつも新鮮な気持ちでいることができる。終わりに囚われすぎると、それまでいい流れできていたものでも悪い方向に変わってしまう。

終わりの中には、強い落胆や悲しみを伴うものもあるだろう。

会社を辞めたとか、親しい人を失ってしまったとか、辛い感情を引きずらざるをえない終わりもたくさんある。

だが、どんな辛い終わりにも、始まりという希望の芽がどこかに顔を出しているものだ。それを見つけることはときにひどく困難なことかもしれないが、必ずどこかにあると信じることはとても大事である。

そんな始まりを見つけることができれば心は救われるし、また流れをいい方向へ変えていくことができるのである。

満足したら、そこで〝終わる〟——藤田 晋

仕事をしていると、必ず節目というものが訪れます。ずっと目標を持ってやってきたものが達成された。プロジェクトが終わって部署が解散した。何か大きなものが一段落したとき、人はどこか寂しさや喪失感を味わったりするものです。それまで頑張ってきたものほど、情熱を持ってやってきたものほど、こうした感情は強くなります。

会社でも「いまそういう状態にあるんだな」と思える社員をよく見かけます。しかし、こうした余韻に心が引きずられると、次の仕事のエンジンがかかりにくくなります。そのために仕事が後手に回ったりするのです。

時間をかけて積み上げてきたものはいろんな人を巻き込んで、その人の中ではとても大きなものになっていきます。一方、新しいスタートはまだ小さくて、もの足りなく感じるのかもしれません。「いままであんな大きなことをやってきたのに、こんな小さなことに本気になれるか」といった気持ちを抱いてしまうのです。

スムースに切り替えができないと仕事が停滞するので、当然運気は下がります。大会社に勤める年配のベテランが若い人に向かって「以前俺はこんな仕事をした」と自慢げに昔話を繰り

返し語っている光景を幾度か目にしたことがあります。しかし、未来に目を向けている若い人からすれば、「その話、前にも聞きましたけど……」といった感じで敬遠したくなるものです。

知り合いで昔ゲームを大ヒットさせた人がいるのですが、その人は会うたびにヒットしたゲームの話をします。ヒットさせたのはもうかなり前のことで、それ以降はあまりヒットを出せていません。本人の気持ちとしては、そこしか自分の拠《よ》り所《どころ》がないのかもしれません。しかし、昔話を聞かされるたびに「この人はものすごく停滞しているな、大丈夫かな」という感想を抱いてしまいます。

ネット業界は新しいものが矢継ぎ早に現れるので、社員には「いつでも新人に戻ったような気持ちでできる人でないとやっていけない」ということをよく話します。

ベテラン社員は実績と経験値を上げていく一方、それらにすがりたくもなるので、まったく新しいものに一から取り組むことが難しくなります。なぜなら新しいものは、最初は常に小さな芽であり、仕事自体も小さいからです。それに新鮮な気持ちで取り組めなければ、一から全力でスタートする新人に負けてしまうのです。

起業する人は最初は楽しそうに見えることが多いのですが、それは前職でのしがらみや背負っていた責任から解放されているからだと思います。重い荷物をいったん下ろして、身軽になって新鮮な気持ちで始められるわけです。何でもこれからスタートととらえると、気分もよくなるし、いい流れができます。

うちの会社は上場した際、祝賀パーティーをしませんでした。大きなプロジェクトが成功した後で、慰労会や打ち上げの宴会を開いたこともありません。僕個人はそういう区切りをつけるためのパーティーや宴会が正直あまり好きではないのです。そこで満足したら終わりという思いがあるからです。

何かに勝ったり成功した瞬間、それまで目指してきたものは、そこでもう失われているのです。勝ったから何かが得られるというわけではない。勝つまでのプロセスが一番素晴らしいのです。

幻冬舎の見城徹《けんじょうとおる》社長の好きな言葉に、「勝者には何もやるな」というものがあります。勝つまでのプロセスは本当に素晴らしいものですが、勝ったらそこで満足するわけでもなく、また新しい目標に向かっていくんだという、覚悟のこもった言葉だと僕は理解しています。

基本的には「思い出話は禁止」くらいに思っておくだけでも、仕事や人生に対する姿勢がだいぶ違ってくると思います。思い出話をしたくなる気持ちもわからなくはないですが、やはりそれは停滞につながることなので、なるべく自制したほうがいいでしょう。そのほうが周囲の人にも魅力的に映り、仕事運は間違いなく上がると思います。

流れ

小さな流れから変化の予兆に気づけるか――桜井章一

麻雀では、流れを読むことがツキを変化させ、勝負を左右する。麻雀には「東南西北《トンナンシャーペー》」の方向があり、それによって麻雀卓には円《まる》く循環する流れが生まれる。

ただし、その流れは一つではない。たくさんの小さな流れが複雑に絡み合って、大きな流れをつくっている。小さな流れの性格や強弱によって大きな流れに起伏が生まれ、劣勢になったり、優勢になったりする。一口に流れを読むといっても、大きな流れだけをとらえていてはダメなのだ。

川を見ると、流れというものがどういうものかがよくわかる。たとえば流れが直《じか》に体に伝わってくる筏《いかだ》のような船で川を下っていくと、川の流れが一つの流れでできているわけではないことがわかる。急に速くなっているところ、動きが止まったかのように静かなところ、たくさんの大きな岩によって複雑に流れがぶつかり合っているところ、さまざまな流れがあることに気づく。

流れをとらえるには、いろいろな流れが合わさって一つの川になっているように、無数の小さな流れが一緒になって、全体の大きな流れになっていることを感じ取らなければいけない。川の流れと同じで勝負においても、どんな流れ方をしているか。強いのか、弱いのか。速いのか、遅いのか。変化が激しいか、ゆったりしているか。大きな流れの中にどんな小さな流れがあるか。新しい流れの芽があるのか。流れの特徴や性質を細かく感じ取っていかなくてはいけない。

つまり、大きな流れを感じ取ろうとすれば、小さな流れにも気づかなければいけないということだ。

その瞬間は小さな流れでも、別の小さな流れと合わさって、やがては全体の流れを変えてしまうほどの大きな流れになる。小さな流れを敏感にとらえていくことで、次に出てくる変化の予測も可能になるのだ。

流れを読むのがうまい人は、大きな流れを的確につかむと同時に、その中に芽生えている小さな流れも察知する。人が気づかないようなちょっとしたサインから変化の予兆を読み取るのだ。「大きくとらえながら、同時に小さなことに気づく」。これが流れを感じ取る上での重要なポイントだ。

流れは大小だけでなく、さらに性質や強弱も見極めていかなくてはいけない。たとえば麻雀には、満貫《マンガン》、ハネ満という大きな点数の役がどんどん出る「荒れ場」と、どんなに頑張っても小さな手しか動かない「小場《こば》」がある。

小場のときには、大きな手で上がろうとしても無理だ。小場という流れをしっかりとらえて、小場に相応しい上がり方をすればいいのだ。欲張って大きな手をつくろうとすると、場にすぐわれてツキを失うことにもなる。

荒れ場のときは、逆に小さな手で逃げて早めに上がるようなことをしてはいけない。荒れ場は踏ん張って手を崩していけば、やがて大きな手に変えていくことができる。そこで粘ることをせず、目先の小さな手で上がろうとすると、負けることが多い。

流れが読めるということは、流れにうまく乗っていくだけでなく、いい流れを自分でつくり出すことをも意味する。

反対に流れが読めなければ流れから取り残されたり、いい流れを自ら断ち切ることにもなってしまう。

もちろん悪い流れであれば、乗らずにスルーしたり、こちらから動きを仕掛けていい方向へ流れを変えていくことも必要だ。

流れを的確に読み、臨機応変に対応していく。それがどれだけできるかが、勝負の運を決めるといっても過言ではない。

運を左右する、流れのとらえ方――藤田 晋

僕は2005年の大晦日《おおみそか》のブログにこう書いています。

「ある時期から運がいいとか悪いとかは考えなくなり、代わりに、流れがよいのか悪いのかを主体的に見極めるようになった。(中略)自分の人生を、社会的に責任ある立場として運任せにはできない」

本書のタイトル『運を支配する』という言葉には、目に見えず論理的に説明しづらいものに対しても主体性を持って取り組もうという意思が感じられますが、運を左右する大きなポイントは、最終的には流れをどうとらえるかだと思います。

僕が会社を経営してきた中でも、インターネットバブルが起こったり、Web2・0が生まれたり、スマホがガラケーに取って代わったりと、さまざまな大きな流れがありました。そうした流れをうまくとらえてきたことが、会社を成長させていく上で重要な節目になりました。

もちろんネット業界の外側にある、政府がつくり出すような大きな流れも把握しておかないといけません。衰退する地方を知恵と工夫でこれから創生していこうという流れ、企業における女性の登用を積極的に推進していこうという流れ、あるいはアメリカの金融緩和政策が引き

締めに転じようとしている流れなどは、経営していく上で無視できないものです。

流れを読むということに関しては、経営者の中ではソフトバンクの孫正義《そんまさよし》社長が抜きん出ていると思います。

絶妙のタイミングで流れに合わせて皆があっと驚くような大きな仕掛けをしたり、メディアに頻繁に出て積極的に語ったり。反対に流れがよくないときはまったく表に出てこず、密《ひそ》かに何かを仕込んでいる。最近では東日本大震災時の原発事故直後に、太陽光発電施設の建設など自然エネルギーを普及させる大がかりなプロジェクトを素早く立ち上げ、大きな話題を呼びました。

流れを読むのがうまい経営者というのは、人に先んじてまだ見えない流れを予測し、素早く動いているのではないかというイメージを持つ人も少なくないようです。

しかし孫正義社長でも、生まれてもいない流れを予測することはできないでしょう。いや、できないというより、する必要がないのです。そもそもまだ姿を現していない流れを予測することなど不可能だからです。もし経営者が予言者のようなタイプだったら、それこそ信用できません。

大事なのは現実に起こっている流れをどうとらえ、対処するかです。行けそうなら乗るとか、ここは無理をしないほうがいいとか、自分の実力、置かれている立場とも照らし合わせ、正確な状況判断をすることがもっとも重要なのです。

経営者の立場になくとも、仕事をしていればさまざまな流れに直面すると思います。自分たちの手掛けている事業がメディアに紹介されて話題を呼んだとか、自分の仕事が認められて社内で表彰されたとか、ちょっとしたきっかけから流れがくるケースもあります。

また政府が掲げる女性の管理職比率の問題にしても、それが自分の会社にも波及すれば、活躍したい女性にとっては流れがきているといえるでしょう。

そんな流れは日々起きているので、それに気づくためにも、メディアを通じた世論の動向、身の回りの情報収集はしっかりやっておくべきだと思います。

リスク

運のない人ほど「確証」を求める

桜井章一

生きていくことは、見えない道を歩いていくようなものだ。「一寸先は闇」という言葉があるが、まさに人生とは何が起こるのかわからない闇の中を手探りで進んでいくのに似ている。闇の中を歩くのは、リスクが至るところに潜んでいそうで誰だって怖い。怖いから少しでも安心するために、大勢の人と同じ道を歩こうとする。その大きな道には、常識やよいとされている世の価値観、あるいは社会的な習慣といった「保証」や「確証」がたくさん転がっている。

しかし、私はそんな道を歩くことをしなかった。さして興味が湧かず、退屈だと思ったからだ。こうして私は自分だけの道を切り拓いて歩いてきたわけだが、その道なき道は厳しくて危なそうなところであった。

だが、何の「保証」も「確証」もないからこそ、反対にわくわくするような面白さがあったのだ。

そもそも、本当に保証や確証のあるものなど、この世において何一つないと私は思っている。

結婚式で「一生愛を誓います」などといっても、結婚生活が愛に満ちたものである保証はどこにもない。世間的にも信用がある銀行にお金を預けても、その銀行が絶対に潰れない保証は何もない。勉強をたくさんしていい大学に入れば、いい会社に入れて、いい仕事ができるなんてことにも保証はない。我々が保証されている、確証があると思っているものは、すべてつくりごとであって何の根拠もないのだ。

「保証」や「確証」を求めるのが人間の性《さが》だとはいっても、社会の成り立ちや環境によって、その求め方には大きな差があると思う。たとえば、アマゾンの未開の奥地に住んでいる人たちは、都市文明の中で生きている人のように、やたらと「保証」や「確証」といったものを求めることはないだろう。

なぜなら彼らは、自然というほとんど何の保証も確証もない環境で生きていくしかないからだ。マニュアルもなければ、法律もない。科学もなければ、技術もない。金もなければ、モノもない。代わりにあるのは、一寸先の闇から姿を現すさまざまな状況や変化に柔軟に対応していける本能的な強さである。

残念ながら、彼らが持つような生存本能の強さというものを、文明社会に生きる人間は持ち合わせていない。すなわち、本能的な強さが欠落したがゆえの弱さこそ「保証」や「確証」をしきりと求める最大の動機なのだ。「保証」や「確証」が欲しいという心理は、自分という存在の脆《もろ》さ、弱さを証明するものだと思ったほうがいい。そして、こうした心理と運は往々にして反比例するものである。

「保証」や「確証」を求めない強さ。それがあっても手離せる潔さ。それらが自然と身についている人は、不思議と運を手にしやすい。

先が見えづらい変化の激しい時代だからこそ、「保証」や「確証」にあえて頼らないことがとても重要なのだ。

リスクのない勝ちはない——藤田 晋

麻雀は簡単に他の人に振り込んでいたら、勝てないゲームです。麻雀を少し覚えた人なら、すぐにそのことに気づきます。とはいえ絶対に振り込みたくないとリスクを避け続けていても、負けてしまいます。なぜなら黙っていても他の人にツモられて、点棒が減っていく一方だからです。振り込むかもしれないリスクを覚悟して勝負し、はじめてリターンが得られるのです。

「麻雀に勝因はなく、敗因しかない」という話を聞いたことがあります。弱い人が勝負所で勝負しなかったり、勝負所でないところで無理をしてしまい、それが敗因となって勝者が生まれることをいうのでしょう。

会社の仕事は、ギャンブルみたいに低い確率を狙ってやっていくというわけにはいきません。勝つ確率を上げるためには周到な準備をしたり、経験を重ねていくことが必要です。

そうやって確率を上げていっても、100%にすることは絶対に不可能ですから、必ず何%かのリスクは負わないといけません。

たとえば自分たちの実力であれば、80%の確率で成功するケースがあるとします。すると失敗する確率はわずか20%です。失敗したときに本当に致命傷にならない限りは、そこで大きく勝負すべきです。その後の努力によっては、勝つ確率をさらに上げることも可能になります。

逆に、50%の確率で成功するケースだとすると、五分五分です。そこで大きな勝負をするとなると、それは仕事ではなく、単なるギャンブルといえるでしょう。

僕のような起業家は、こういうリスクに対してリターンが大きく、勝率が高いときをチャンスととらえて勝負を仕掛けるのですが、これが大企業ともなると、失敗する20%のほうが議論の対象となります。失敗したら責任は誰が取るのかという話になって、なかなか前に踏み出せません。結局は誰もリスクを取りたくないので、勝負を避けてしまうのです。

多くの会社は減点方式で人を評価し、敗者復活がないノックダウン式のトーナメント戦みたいな出世競争をやっています。リスクのある挑戦をしようという気風は、そうしたところからは生まれてきません。

最近は本書のような書籍の出版ビジネスも、縮小傾向にあるからか、極力リスクを取らない姿勢になっているといいます。

出された企画の多くは、似たようなテーマの本や著書の過去の売れ行きを元に、本にするか否かが決められるのです。要はそのデータが悪ければ、企画が面白く、もしかしたら当たるかもしれないというようなものであっても、なかなか通らないのです。

逆に過去に本が売れた著者やテーマなら通る。そのため必然的に二番煎じ、三番煎じ的な本が増えるという現象が起きています。二番煎じぐらいであれば採算がとれることもあるのでしょうが、データ第一主義になると、「あの本が売れているからあのテーマでいこう」とか「あの著者はいま旬だから何か書かせよう」と多くの編集者が考えるため、市場には三番煎じ、四番煎じ、五番煎じ……といった本が続々と出される結果になる。リスクをどう分析し、とらえるのか、書籍のような商品はそれが難しいのかもしれませんが。

しかし出版に限らず、リスクのないところにビジネスは成立しません。リスクのないところに利益は生まれません。リスクはいつでもつき合っていく対象ととらえて、基本的には前向きな姿勢で向かっていくべきだと思っています。

真面目

少しくらい不真面目なほうが運をつかむ

桜井章一

何か事を起こすには、動機が大事だといわれる。動機こそ重要だと考える人にとって、動機はより純粋で志の高いものであるほうが望ましい。たとえば明治維新の際に活躍した志士《しし》たちは、まさにその類の動機を抱いて世のために奔走《ほんそう》したといえる。

だが、いつも純粋な動機のみで行動をする人間など、この世には一人としていないだろう。どんな人間でも俗な部分はあるし、むしろ人の動機のほとんどは俗なものから出発しているものだ。

以前、私のところに来た取材者に「君は何のために仕事をしているの？」と聞いたことがある。そのとき彼はあっけらかんと「女にモテたいからですかねえ」と答えてくれたが、その取材者に限らず、仕事をする動機なんてたいがいたいしたものではないだろう。実際「金を稼ぐため」とか「家族のため」などといっている人が大半に違いない。

件《くだん》の取材者はその際、「自分を磨くためという動機で仕事をする人は純粋といえるのでしょうか？」という質問をしてきたが、それも別に純粋とはいえないだろう。何のために自分を磨くのかという目的を考えると、女にモテるためとか、成功するためだったりするわけで、それもまた俗な動機から始まっているのだ。

もっとも自分の見返りを度外視して、本当に「世の中のために」といった純粋な動機で仕事に打ち込んでいる人がごく稀《まれ》にいるのも確かだ。

ところで仕事をする動機に不純な要素が多い人と少ない人、どちらがよい仕事をするだろうか。大半の人は後者をあげると思う。動機に純粋な要素が多いほど「真面目」につながり、不純な要素が多いほど「不真面目」に傾きやすいと考えるからだ。不真面目な態度よりも真面目な姿勢で仕事をしたほうが、単純にいい仕事をし、いい結果を出すというイメージである。

だが、本当のところはどうだろうか。私は真面目一辺倒で仕事をするより、不純で不真面目な動機が混じっていたほうが、面白くていい仕事になる可能性があると思う。

不純で不真面目な動機でやったほうが、遊びの要素が入ったり、余裕が生まれたりして、結果的にいい仕事をすることがあるからだ。ひたすら真面目な感覚だけで仕事をすると、視野狭窄《きょうさく》になるだろうし、柔軟な発想も出てこなくなってしまう。

真面目というのは、いきすぎると怖いものだ。

地下鉄サリン事件を起こしたオウム真理教の信者たちは、皆そろって真面目な青年たちだった。真面目ゆえに深刻に思い詰めて、あんなことを仕出かしたのだ。もし、彼らに不真面目な要素がそれなりにあれば、ああいう事件は起こさなかっただろうし、それ以前に入信することもなかっただろう。

雀鬼会の道場でも、いい大学に入るために勉強一筋、真面目一本でやってきたような子は何でも四角四面の対応をして、いざというときの臨機応変な動きができない傾向が強い。

会社などでは真面目すぎる上司を持った部下は仕事がやりにくいと思う。ちょっとした息抜き、手抜きにも厳しい目を向けられるだろうし、遊びの感覚を仕事に入れると、「もっと真面目にやれ」と叱責されかねない。

真面目は文句なしにいいことと思い込んでいる人は、真面目という名の牢屋《ろうや》に自らを閉じ込めているようなところがある。悪事を働いた犯罪者が更生してまっとうな人間になるように、真面目一辺倒の人は、「真面目からの更生」をしたほうがいいのだ。

不真面目は世間で思われているほど悪いものではないし、ときには真面目より、よほど運をつかんで、いい結果をもたらす。不真面目な動機でやったり、遊びの感覚を仕事に入れることが、よりよい仕事を生む潤滑油になりうる。

不純な動機で仕事を始めても、やがてそこに純粋なものが入ってくることだってある。不純な動機でやっているからといって、取り立てて恥じ入ることはないと思う。

出発点は不純でいい

藤田　晋

どんなことにもすごく真面目で、社員の誰よりも朝早く出社し、皆勤賞。清貧を尊び、報酬も社員が驚くほど少ししかもらわない。完全主義で社員にも完璧な仕事を求める。浮気なんてもちろん考えたこともないし、酒を飲んでも羽目を外すことはない。

そんな超がつくほどの真面目な経営者がいたら、その人の下で働いてみたいと思うでしょうか？　僕は嫌です。一緒にいれば息苦しいし、ひたすら真面目に仕事をしなければというプレッシャーから萎縮し、自由で豊かな発想が湧いてこないと思います。

僕が知っている優秀な経営者の人たちは皆もちろん基本は真面目ですが、同時にそれと相反する要素もバランスよく併せ持っています。経営者にはどこか人間くさくてだらしないところがないと、社員は伸び伸びと仕事ができません。

人間は煩悩があるから人間なんだと思います。どんな高潔な人格の持ち主でも煩悩はあるし、不純な欲望を持っているはずです。真面目すぎる人は不純ということを嫌うかもしれませんが、不純な欲望があるのが人間として普通だし、下で働く人間にとってもそのほうが救われます。

真面目に仕事をしなければいけないという空気が強い職場にいると、不純な欲望というものは強く抑圧されます。たとえばお金を扱う仕事柄、真面目さと清潔さを強いられる銀行員は、夜の街で一番羽目を外している印象があります。

うちにも銀行から転職してきた人が何人もいますが、入社したばかりの頃、昼間はひどく真面目な顔をして働いているのに、夜の宴会の席になると突然服を脱ぎ始めるような人がいました。前の職場からの習慣なのでしょう。もっともうちの会社はみんなゆるいので、服を脱いだところで「何かストレスが溜まっているのかな？」くらいの反応しかない。すると銀行時代のようにはウケないことを悟って、しばらくすると脱がなくなりました。

ホリエモンショック以降、若手の起業家は皆、真面目なタイプばかりになりました。かつてのヒルズ族のような派手さはなく、マスコミの取材などにも「お金や派手に遊ぶことにはそれほど興味はない」といった答え方をする。マスコミは彼らに〝草食系経営者〟というラベルを貼ろうとしていますが、僕から見ると、目立つと叩かれるから地味にしていようという一種の自己防衛を感じるし、そのせいで小さくまとまってしまっているようにも見えます。

彼らだって起業した動機の中には、「お金をたくさん稼ぎたい」という欲望も多少はあると思います。経営者というのは成功して名が広まると、「世の中の仕組みを変えたい」とか「いい社会づくりに貢献したい」とか、だんだん立派なことをいうようになるものです。それは周りもそういうものを求めるし、社員や外の人たちに失望を与えたくないという気持ちがあるからです。また自分でも途中からそう思い込んでいきます。

しかし出発点にある動機は、けっこう下世話なものだったりします。僕自身にもそういう部分があるからよくわかるのです。

では、だからといって志の高いことをしゃべるのが嘘かというと、決してそうではありません。

僕自身も「21世紀を代表する会社を創る」というビジョンを掲げて、日々仕事を頑張っていますが、出発点でそこまで大層なことを考えていたかと聞かれれば、そうではありません。漠然と「自分ですごい会社をつくりたいな」とは思っていましたが、やっているうちに会社が掲げるビジョンの輪郭ができてきたような印象です。

それよりも当時は「すごい会社をつくりたいな」という気持ちの裏側に、自分でもあまり認めたくはないですが、モテたいとか誰かを見返したいという気持ちもあったかもしれません。お金を目的に起業したわけでもないのですが、それもまったくなかったかといわれれば、嘘になります。

でも実際にそれを手にすると、本当にどうでもよくなるものです。お金によって満たされる物質的な欲望というのは、すぐに飽きてしまうからです。モテたいとか見返したいという気持ちも同じことです。達成すれば、すぐに飽きてしまいます。

それよりも経営という勝負で戦っていくプロセスそのもののほうが、他の何よりも夢中になれるものであり、「21世紀を代表する会社を創る」というビジョンに向かって、いまでは一点の曇りもなく、仕事に取り組んでいます。

出発点は不純であっても、動機がそうでないほうへ、シフトしていく。そうなることで仕事や生き方の質を高め、それらの可能性をより広げていくこともあるのだと思います。

逆境

逆境は味方と思え

桜井章一

勝負の流れには努力しなくてもスムースに進むところがある一方、激しく渦を巻いていたり、濁流になったり、流れを乗り切るのに全力で挑んでいかないといけない局面が必ずあるものだ。

私はそういった厳しい局面を何よりも好んだ。だからといって、そのときに「きついな」「辛いな」と感じないわけではない。だが、根底には「厳しさ」を敵と思わず、味方だという思いがあったからこそ、逆境をしのいでこられたのだと思う。

いまの時代、追い風を受けている人より、向かい風だなと感じている人のほうが多いと思う。だが逆境を、ただ逆境としてとらえてしまってはいけない。逆境という言葉にしてしまった時点で、何か大きな障壁が目の前にあって、それを乗り越えなくてはならないという気分になる。障壁や障害と思ってしまえば、それは闘って倒すべき敵だということになる。

もちろん敵と思うことで発奮し、エネルギーが湧いてくる人もいるだろう。だが、相当に厳しい状況に直面したときは、そのようなとらえ方では、エネルギーは持続するものではない。

結局は刀折れ矢尽きるという惨憺《さんたん》たる状態になって、敗北するのがオチだ。

私自身、麻雀の勝負から離れた実人生において、「これはきついな……、どれだけ耐えられるかな」と思ったときが何度かある。

そんなときによく思い浮かべたのが、自然の姿だった。それは絵葉書によくあるような「わあ、きれいだな……」と思うような自然ではない。自然の本質はそんなものではない。人の力などまったく及ばない究極の厳しさ。それこそが自然の本質だと思う。

海で素の状態で潜れるのはせいぜい数十メートル。それ以上潜ると、肺が水圧で潰れ死んでしまう。エベレストのような8000メートル級の山の頂に何の装備もなくいきなり放り出されたら、呼吸困難に陥って命を失ってしまう。

「きついな」「厳しいな」と思うときは、そんな自然の厳しさの中に自分が置かれていることを想像してみるのである。私たちが人生で遭遇する厳しさは、自然のそれに比べればどうにかなるもの。そうとらえれば、直面する厳しさに対しては、敵というより自分を強くしてくれる味方なんだという余裕が生まれてくる。

そもそも厳しい状況というのは、人生にはつきものである。特別なものなどではなく、あって当たり前なのだ。そういう前提で人生をとらえたほうが、人はいつも明るく幸せに生きるべきだという前提に立つ人よりも、苦境に対して数段強く、粘りのある生き方ができると思う。

逆境にツキを見出せるか――藤田 晋

僕は26歳のとき当時史上最年少で会社を上場させたのですが、その頃、ある経営者から「逆境を経験していない人はダメだ」といわれたことがあります。それまでは自分でもかなり順風で来たなと感じていたので「逆境が大事」といわれても正直ピンとこなかったのですが、いまではものすごくよくわかります。

その後、ネットバブルが崩壊して株価が大きく下がり、赤字が続いて周りからボロくそにいわれ、会社を乗っ取られる寸前までいくという大きな逆境を体験しました。

しかし、この大きな逆境を乗り越えたことで、それ以下の逆境がやってきても、ほとんど動じなくなりました。簡単には済まないトラブルが不意打ちのように飛び込んできても、過去に乗り越えてきたレベル以下のものには動じません。変に慌てたり、焦ったりすることがなくなったのです。

「逆境を敵でなく味方と思え」という桜井さんの言葉にははっとさせられます。麻雀というゲームはほとんどが逆境に耐える時間でできていますから、それを気の持ちようで味方と考えるのは、調子を落とさない上手なコツだと思います。

同じものごとでもそれをどうとらえるかで、その人の経験の質も変わるし、運のめぐり合わせも違ってきます。

お金持ちの不幸というものがあります。お金があれば生活のレベルが上がりますが、慣れてくると、その状態が自分の中で当たり前になってしまう。そこが基準になると、高い生活レベルは当たり前なので幸福を感じられず、ちょっとでもレベルが下がると「なんで俺がこんな目に遭わなければいけないんだ」というふうになるのです。

お金持ちが生活のレベルを上げて不幸を嘆くように、麻雀でも調子がいいときを基準にすると、調子が少しでも悪くなったときに必要以上にツキがないと嘆くのです。「上家《カミチャ》のやつが変な鳴き方をするからだ」とか「あいつが場を壊した」などといって誰かのせいにし、ますますツキの流れを悪くしてしまうのです。

「良妻を得れば幸福になるが、悪妻を得れば哲学者になれる」というソクラテスの有名な言葉がありますが、マイナスであるはずの逆境にメリットを見出すのは、とても大事なことです。

人間をもっとも成長させるものは、逆境だと思います。独身時代、仕事をした経験がない女性と何度かデートをしたことがあるのですが、話題がテレビに出てくる芸能人のことばかりで、会話が全然弾まなかったという思い出があります。それよりも上司が嫌な人間で逃げ場がなくて四苦八苦しているとか、仕事の量が半端ではなくて寝る時間がないと苦悩している人のほうが、会話をしてみると面白いものです。

人間の深みとは、そういう逆境の積み重ねによって出てくるものなのだと思います。逆境に遭遇したら、自分という人間に深みを与えてくれるチャンスととらえて、前向きにつき合っていくといいと思います。

なんとかなる

「～すべき」という思考を捨てる

桜井章一

同じようなストレスを受けたり、同じような悩みを抱えても、人によってそのとらえ方はまったく違う。

ストレスに強い人もいれば、弱い人もいる。悩みを深刻化する人もいれば、気持ちの切り替えが早く、悩みに囚われることなく前向きに生きていける人もいる。

この差はいったいどこから生まれるのだろうか。それはちょっとした考え方や気の持ち方の差からくるものであったりする。

さまざまなテーマで本を出しているせいか、私はちょっと心を病んだような人たちから相談を受けることがたまにある。悩みをぶつけてくる人たちには、共通して感じられるあるいくつかの傾向がある。その一つは「～しなければいけない」とか「～すべきだ」といった思考のパターンだ。こうした思考の癖を持っている人は、基本的に理想が高い。いわく、人生はこう生きるべきだ、人とのつき合いはこうしなければいけない、社会は人を幸せにしなければいけない……。

だが、「～しなければいけない」とか「～すべきだ」といった思考癖があると、悩みを突き詰めて考え、それにがんじがらめに囚われてしまう危険に陥りやすい。また理想と現実の落差を切実に感じ、抱えている悩みが不必要に深刻化する原因にもなりかねない。

私は70歳すぎの今日まで、深刻に悩んで絶望という状態にまで落ち込むことは幸い一切なかった。それは私の人生にはいつも「風」が吹いていたからだと思う。

これまでの人生を振り返ると、ここぞというときには「風」がいつも自分を前へ動かしてくれたように感じる。

では「風」とは何なのか？　自分でもそれを明確な言葉でいい表すことはできない。ただ、自然の感覚に委ねたときに生まれる流れのようなものとはいえるだろう。

そんな「風」任せの生き方をしてきたおかげで、苦しいことがあってもそれに強く囚われずに済んだのだと思う。

もし私が「風」に従わず、頭で「こっちに進むべきだ」とか「こう考えるべきだ」などといつも判断していたら、人生はいまとはだいぶ違うものになっていたに違いない。

「なんとかしなきゃ」ではなく、「なんとかなるさ」という感覚。「風」はそういう感覚を運んでくれる。

「風」は自然体になったときに吹いてくる。「風」が吹けば、それに乗って身軽に次の場所に行ける。「風」は間違いなく、人生の風通しをよくしてくれるものなのだ。

「なんとかなる」で運は戻る――藤田 晋

人はまずい状況になったとき、「なんとかしなければ」と考えるものです。

でも、そういうときこそ「なんとかなる」と考えるようにすることは、実はとても大事なことだと思います。

麻雀をやっていて点棒がもう少しでなくなりそうだというとき、「ああ、もう負けた」と思えば、そこでゲーム終了です。点棒が少ない状態でも、まだ負けたわけではありません。幻冬舎の見城社長も、以前出させていただいた共著の中で、「『負ける』と『負けている』はまったく別物である」とおっしゃっていました。「負けている」状態であっても、それはプロセスにすぎず、最終的に勝てばいいのです。

株の投資でも、最初1000万円で買った株が下がって、途中で半値になったりすると、額面上ではすでに500万円も損をしているので、もっと下がる気がしてとても不安になります。しかし、そこで慌てて株を売ってしまえば、損が確定します。株は安いところで買って、高いところで売るのが原則です。一方で、株を何年か持ったまま忘れていたら、買い値の倍になっていることもあります。そうすると、途中の経過はどうであれ、事実としては1000万円で買った株が2倍の2000万円になったことになります。

途中で株価が半値まで下落したからといって、「これ以上下がったらもうダメだ」と狼狽《ろうばい》売りしているようでは、株では勝てません。株は一本調子で上がるほうが珍しいのです。

株は、買ってから保有していることを忘れているくらいの人が儲かるといいますが、仮に買い値からかなり下がってしまったとしても、「なんとかなる」と思って放っておくくらいの構えでいるべきなのです。

以前、経営危機がささやかれているような出版社の東大卒の編集者と飲みに行ったとき、彼が僕に「会社の状況がかなり厳しいです。これからの人生、どうしたらいいでしょう……」といいました。そこで僕は、「いまは負けているという状態にあるだけで、この先新規事業が当たるかもしれないし、世の中の風向きが変わるかもしれない。まだわからないじゃないですか。好きな仕事ができているんだから幸せですよ」と励ましました。

会社が危ないというとき、社員は当然「このまま倒産したらどうしよう」と焦ります。うちの会社もネットバブルが弾《はじ》けたときに、「一刻も早く景気のいい会社を見つけて移らなきゃ」と沈没船から逃げ出すように、たくさんの人が辞めていきました。

しかし、こういうときに冷静な判断をできない人は、自分のキャリアを狼狽売りしているようなものです。景気の悪いときに転職活動をしても、自分を売るときに足元を見られるからです。不動産の市況が悪くなっているときに、不動産を売ろうとしても買い叩かれるのと同じようなものです。

厳しいときこそ、平常心を失わず、「なんとかなる」と思って時間をやり過ごすことが、運を取り戻す上でも大事なことなのです。

楽

楽を求めると楽にならない

桜井章一

昔と比べていまの世の中は、いろいろなことが大変便利になった。しかし便利に慣れすぎると、人は生き物として退化していくと思う。

便利さを求める風潮というのは、人の生き方にも影響を確実に与えている。私が接する若い世代なんかを見ていると、「楽をしたい」という思いを持った人が昔よりも増えているなと感じる。「楽をしたい」というのは、「楽して儲けよう」とか「楽してハッピーな人生を送ろう」ということである。さらに人間関係においては、「面倒な人間関係は避けて、楽なつき合いだけしよう」ということになる。

しかし、楽ばかりを求めていると、人は成長しない。厳しい状況を耐え忍んだり、それを乗り越えていく力は育まれない。苦しいことがあれば逃げ、辛いことがあればごまかすなど、いつも楽なほうに自分を置いていると、成長する機会は永遠に失われてしまう。

成長できなければ、苦境に陥ってもそこから抜け出す力は持てないし、仕事においても人間関係においてもすぐにつまずくことになる。結局は楽な道を選ぶあまり、いつまでたっても楽に生きることができないのだ。

私は目の前に楽な道と厳しい道の2つがあれば、迷わず厳しい道を選ぶ。実際これまでもそうやって生きてきた。もし楽な道を選ぶことがあれば、それは自分が弱っているときだと思っている。

厳しい道を選んでいれば、自然と鍛えられ、強くなる。そうなれば次に厳しい道が現れても、楽に進めるようになる。いつも楽なほうを選んでいれば、厳しい道はいつまでも厳しいままなのだ。

勝負においても、楽を求めるのは禁じ手だ。たとえばスポーツの世界では、圧倒的に強いと思われていた選手やチームが、格下の選手やチームに思いもよらぬ負けを喫《きっ》することがある。

これは、「こんな相手だと楽勝だな」という油断から生まれる隙を相手に突かれるからだ。どんなに強くても、どんなに誇らしい実績があっても、「楽に勝てる勝負などない」と思っておくべきなのだ。実力的には楽に勝てるという相手でも、勝負には厳しくのぞまなくてはいけない。厳しい姿勢で戦って、はじめて「楽に勝てた」という結果が生まれるのである。

楽して当てると消えるのも早い――藤田 晋

僕が麻雀を熱心にやっていると話したとき、本当の麻雀を知らない人は「仕事のストレス解消とか息抜きのためにやっているんでしょう」などといってきます。

それはとんでもない誤解だと思います。桜井さんの「洗面器に顔を突っ込んで、最後まで顔を上げなかったやつが勝つ」という言葉に表されるように、麻雀は気楽にやるようなものではないと思います。僕は少なくとも、歯を食いしばって仕事をやるのと同じように麻雀をやっているつもりです。ストレス解消どころか、ストレスは溜まりまくります。真剣な麻雀というのは、苦しい勝負を最後まで戦い抜いた人が勝つのです。余暇に趣味的に楽しみたいという人は、麻雀の真剣勝負にはきっと向いていません。

このように麻雀は忍耐を要するゲームなので、勝負をしている人はつい早く勝って楽をしたいと考えます。しかし、楽な上がり方ばかりを狙っていると、勝負の流れは不思議なほど悪いほうへ向かいます。

僕は仕事でネガティブスパイラルとかポジティブスパイラルという言葉をよく使いますが、一見して楽そうに見えるもの、苦しそうに見えるものが、果たして本当にそうなのかを見極めるとき、ものごとを「スパイラル」でとらえるようにしているのです。

実際に麻雀でも仕事でも、楽なほうを求めると、流れが悪いほうへと螺旋状《らせんじょう》に向かっていくネガティブスパイラルが起きやすくなります。反対に苦しいほうを求めると、ポジティブスパイラルが起きやすい。ネガティブスパイラルもポジティブスパイラルも、きっかけとなる入口は逆に見えるのです。

楽をしていると、結局実力がつきません。実力がなければ、ラッキーなことが起こっても長くは続きません。このことは一発屋のミュージシャンなんかを見るとすごくよくわかります。実力もないのに運よく当てた一発屋のミュージシャンは、そもそも力がないから、人気が落ちるのもあっという間です。一方、ライブハウスなどで10年くらい下積みの苦労をコツコツ重ねて、実力をつけてきたようなミュージシャンは、一度ヒットを飛ばすと、そう簡単には人気が落ちません。

経営者が長年苦労して築いた会社もそうです。それまで築いてきた会社の土壌は、地層のように堅固に積み重なっているので、ちょっとしたことでは崩れません。

好景気の時期に会社をつくってたまたま時流に乗って当たり、それほどの苦労もなく、業績を伸ばした会社を僕も何社か知っています。でも、そういった会社は景気が悪化すると、急激に業績を落とし、ほとんどが消えてしまっています。

逆に景気の悪い時期につくった会社は、苦しい環境を前提に組織をつくり上げるので、経営者や社員の力がしっかりしていて、しぶとい会社になっていることが多いです。

楽して一発当てた人を見ると、自分もああなりたいといって浮足立つ人は少なくありません。けれども、根底に実力があって当てたのかどうかも考えず、表面的な憧れだけを抱くのはまったく意味のないことです。

僕は若くして会社を上場させて資産を築いたので、「リタイアしてハワイでのんびり暮らしたくないですか？」とたまに聞かれたりします。一瞬そのイメージに惹《ひ》かれそうになりますが、もしハワイへ行って毎日ブラブラと楽な生き方をしてしまったら、自分があまり成長しなくなり、社会的な使命感も持てず、生きがいを感じることもないだろうなと思います。最終的には退屈して苦しい思いをするという、ネガティブのスパイラルに入っていきそうな気がするのです。

そんなわけで僕には、「楽に生きる」という選択肢は、当分の間ありえないと思っています。

5章 運をまねく作法

借り

借りをつくると運気は下がる――桜井章一

日本国の財政は膨大に赤字が膨らみ、かなり危機的な状況にあるという。国だけではない。企業も個人も借金だらけなのかもしれないが、借りるという行為は本質的に危ういものを孕んでいる。

たとえば個人の場合であれば、借金というのは人間関係のトラブルに発展しやすいものだ。下手すれば犯罪に巻き込まれることすらある。実際さまざまな犯罪の背景には多くの場合、借りが絡んでいる。借金は不幸の原因をつくりやすいのだ。

だから個人レベルでは金の貸し借りというのは、できることなら避けたほうがいい。私は自分の息子たちに説教することは基本なかったが、金の貸し借りについてだけは「絶対にするな」と教えていた。金の貸し借りから犯罪すれすれのところまでいった人間を、身近なところで何人も見てきたからだ。

借金をして返す手立てがなくなれば、「もうダメだ。なんとかしなくては……」と焦って自分を追い詰めるものだ。その中からは、ズルい手段、悪い手段を使ってでもなんとかしようというものも出てくる。借りるということがどれだけ負担になるか、想像できない人が多すぎるのだ。

私はこれまでに誰かに金を借りるなどということは、もちろんしたことがない。反対に人から金を貸してほしいといわれて「仕方ないな」と思ったときは、貸すのではなく、あげるつもりで渡していた。あげてしまえば、互いに貸し借りはゼロのまま。関係性が悪いほうに変わることはない。

資本主義の世の中は借金を抱えた人間を際限なく生むが、借りをつくりすぎたのは人間同士だけではない。自然界からも人は相当な借りをつくっている。自然は無限のものだという勝手な思いから、人は利用するだけ利用し、その結果資源を取りすぎてしまった。

自然は誰のものでもない。だからいくら資源を取っても誰の許可もいらないし、文句もいわれない。そんな勘違いも手伝って、もはや返せないほど自然に対して借りをつくってしまった。

自然からすると人間は、親にはいくらでも財産があると思って親からの小遣いで遊びまくっている放蕩《ほうとう》息子のようなものだ。自然がもし口をきければ、「おまえたちは私の子どもだけれど、あまりにも贅沢をしすぎだ。もう許すわけにはいかないよ」とでもいうだろう。

人は本来、自然の恵みによって生かされているもの。そのことを皆忘れてしまっている。自然に借りをつくりすぎたことで、自分たちの首を絞めてしまっていることにあまりにも無自覚なのだ。近年盛り上がっているエコロジー運動などは所詮焼け石に水みたいなものかもしれない。

ネイティブアメリカンは、自然のことを「未来の子どもから借りているもの」という言い方をする。環境破壊は未来の人類にも借りをつくっているということだ。

借りというものは、返さなければツキから見放されるものだ。金でなくても人から受けた恩や親切、思いやりといったものも、借りの一つだ。そうした借りは、何らかの形で返す努力をしないといけない。そういうことをしない人は結局、人間関係がおかしくなって、ツキから見放される。それと同じで、自然に対して借りをつくりっぱなしの人類は、やがて運やツキが落ちてくることになると思う。どうやって気が遠くなるような借りを返していけばいいのか。そのことは本当に真剣に考えないといけない。

貸しを増やせば運気は上がる――藤田 晋

頼みごとがうまくて、いろいろな人に借りをつくるのが上手な人。頼まれていろいろやってあげたり、貸しをつくるのが上手な人。両者を比べた場合、どちらのほうが運がよくなるかというと、間違いなく後者です。

短期的にはいろいろな人に頼みごとをして、やってもらえる人は得をしているように見えますが、はっきりいってこの手の人は、一時運に恵まれることがあっても、長続きしません。世話になったのに、いつの間にか不義理なことをしている。やってあげたのに礼がない。「あいつは借りたものを返さない」――本人も気づかぬうちに、そんなふうに恨みを買ったりして評価を下げることが多いからです。

僕が親しくしてもらっている先輩経営者は、「安目《やすめ》を売るな」という言葉をよく使います。自分から変なお願いをして自分の価値を安くするなという意味ですが、安直に人に何か頼みたくなっても、やせ我慢してでも耐えたほうがいいということです。

反対にひたすら人に何かをやってあげながら、まったく見返りを求めない人は、何かあったときに不思議とみんなが手を貸してくれたり、回り回って思わぬ形で大きく自分に返ってきたりするものです。多くの人が「あの人はいい人だ」「何かあったら力になりたい」と思うようになり、いろいろな形で協力や応援をしてくれるのです。すごく成功している人には、このタイプが多い気がします。

僕は人に頼みごとをすることが苦手なので、滅多にしません。でも、何か頼まれたら基本的には応えるし、皆で食事をしたら基本的には自分がおごるようにしているし、お金を貸してほりません。

しいといわれれば、親しい人であれば上限を決めて貸すようにしています。そして返済を求めたこともありませんし、別に相手に貸しをつくっておこうという計算があってするわけでもありません。

計算をし出すと、それは人から何かやってもらったり借りてばかりいる人と同じレベルになってしまいます。損得勘定をしてしまう人は人間が小さくなっていくし、運にも好かれません。人に頼まれて何かをやったり、お金を貸すときは、そのことを忘れるくらいの気持ちでいたほうがいいと思います。

芸能界の人は貸し借りのそのあたりの機微がよくわかっていて、借りをつくるのを嫌がる人が多いようです。芸能界で長く生き残っている人は例外なく、借りができたらすぐに返し、一方で貸しはたくさんつくるというタイプの人です。とくに芸能界の大物といわれる人は、安易に人に頼まず、その代わり人にはひたすらやってあげて見返りを求めないという生き方をしているのではないでしょうか。大物といわれる存在にまでなった人の運の理由は、そのあたりにある気がします。

ミス

ミスへの対処が正しければツキは戻る

桜井章一

メジャーリーグでは、監督やコーチがとがめるべきミスと、見逃してもいいミスがあるという。前者は首から上のミス、後者は首から下のミスという表現をするらしい。

つまり、首から上とはメンタル的なもので気づかずにやってしまったミス。首から下とは体を使ってやったミスのことである。グラブを出すタイミングがずれてボールを捕り損ねてしまった。悪送球をしてランナーを刺せなかった。失投でホームランを打たれた。こうした体を使ったミスは見逃してくれるが、サインを見落としたり、アウトカウントを間違えたり、カバーリングを忘れたりといったうっかりミスは厳しく叱られるという。

人間は完全でないから、「必ずミスをする生き物」である。厳しい練習を積み重ねてきたのに、それでも落球したり、悪送球したりするのは、ごく低い確率で起こりうる避けがたいミスということなのだろう。

それに対して、うっかりミスというのは、気をつけていれば起きないもの。だからプロとして恥じるべきミスというわけだ。

ミスはこのようにその種類や質によって、反省の仕方も修正方法も変わってくる。十把一絡《じっぱひとから》げに、どんなミスも許されないという態度で自分や相手を責める必要はないのだ。「こういうミスであればまあ仕方ない」という許し方も、中にはあっていいのである。

問題は許されないミスをしたときに、どうするかということだ。そんなミスをしたときは、まずミスをした事実から目をそらさないことだ。言い逃れや言い訳をしないことだ。ミスに目をつぶって、なかったことにすれば、また同じミスは繰り返される。

ただ、必要以上に悔いたり、非難することはない。肝心なのは、ミスという傷口を広げないことなのだ。

たとえば勝負の中で自分が犯したミスに引きずられ、そのままずるずる負けてしまうことがある。ミスに囚われすぎて、自滅してしまうパターンだ。

そうならないためには、ミスをあるがままにとらえて、膨らませないことだ。「自分だけでなく相手だって同じミスはする」というふうに思えば、ミスという傷口は広がらなくて済む。

ミスによってダメージを大きくすることは、注射にたとえるとわかりやすい。幼児は注射されると大泣きするが、大人で注射されて泣く人はいない。幼児が泣くのは、注射の痛みが恐怖感や不安感によって何倍にも増幅されるからだ。

私は勝負でミスをしたときは、「まずい、ダメだ」とは思わず、「ミスっちゃったよ。面白いなあ。こういうことやっちゃうんだな」という感じで、ミスをしたことをどこか楽しむ余裕を持ってやっていた。そうやってミスの傷口を広げるのを防いでいた。

ところで、ミスをした人は責められて「二度としません」ということをよくいう。だが、それは嘘になることが多い。

形や色合いは違うが、中身は似たようなミスを再び繰り返す人がほとんどだ。それにしても、なぜ何度も同じようなミスをしてしまうのか。

ミスをしたときは、いうまでもなく、そこからいかに修正をしていくかが大事だ。だが似たようなミスを繰り返す人は、ミスからのリカバリーを具体的に考えようとしない。後悔はあっても、ミスの原因を具体的にとらえ、そこからどう修正していくかをきちんと考えないのだ。感情や気分のレベルでミスをとらえてしまうのだ。ミスに対しては、できるだけ感情から離れ、具体的にとらえていかなければいけない。

ミスへの対処法を間違ってしまうと、ミスによって悪くなった流れは、もっと悪いほうへいってしまう。いかに適切なタイミングで正しく修正していけるか。それ次第で運もまた戻ってきたり、遠のいていったりするのである。

ミスはいったん受け止めて、忘れる——藤田 晋

「麻雀最強戦2014 ファイナル」の試合前、桜井さんから「ミスへの対処が正しければツキは戻る」という言葉を聞いて、はっと気づかされました。そして本番の大事な場面で、それを活かして戦うことができたのです。

僕はつまらないポカミスが、もっとも運を逃す行為だと思っていました。勝負の最中にミスをして集中力を切らすことは、「洗面器から顔を上げてしまう」行為に近いからです。そのことは間違っていないと思います。でも結局みんな人間なので、誰にでもミスはつきものです。

僕がはっと気づいたことというのは、ミスへの対処の仕方でした。

ミスをしたとき、たとえばゴルフで最後のグリーン上で誰でも入れられそうな短いパットを外したとします。そのミスに落ち込んで、次のホールにそれを引きずれば、そのゴルファーはずるずるとスコアを崩していきます。

一方、そのミスをなかったことにして、まったく考えない人もダメです。ミスをした事実をいったん受け止めて、原因を考えないと、その人はまた同じミスをするでしょう。

つまり、ミスはいったんきちんと受け止め、すぐ忘れればよいのです。

仕事に照らし合わせて考えてみれば、僕自身、ミスをした社員を次に起用するときに、同じような判断基準を持っていました。ミスをしたこと自体は問題ありません。ただそれを引きずっているような人はダメ。逆に現実から目をそらし、ミスをまったくなかったことにしようとしている人もダメ。ミスをした事実を一度受け止めて反省し、次に進もうとしている人がもっとも可能性があるのです。

このアドバイスを桜井さんからもらう前、僕は麻雀では「絶対にミスしないぞ」と神経を研ぎ澄ましていました。それでもやはりミスをしてしまうので、そんなとき心が大きく動揺していました。なぜなら「絶対ミスしない」「ミスをしてしまったら致命傷」と考えていたからです。

ところが、ミスへの対処法がわかってずいぶん気が楽になって、力みが取れました。また、いったんミスを受け止めることで、どこが悪かったのか、途中で気づいたり修正したりすることができるようになりました。

仕事でも、ミスへの対処法を知っているのと知らないのとではずいぶん違うのではないでしょうか。ミスしたらいったん受け止めて、そして忘れる。このことは覚えておいて損はないと思います。

準備

準備不足を運のせいにしない――桜井章一

あれだけ時間をかけて念入りに準備をし、本番で失敗してしまった。想定できるさまざまなミスも事前にすべてイメージし、そうならないよう万全の対策を講じ、練習も死にもの狂いでやってきた。それでも失敗したというのは、運命の悪戯《いたずら》なんでしょうか？　そんなことをある人から聞かれたことがある。

つまり、その人は自分ではコントロールできない運・不運の世界があって、運に見放されたら、どんなに努力をして用意周到な準備を重ねてもダメなんでしょうね……ということがいいたかったらしい。

準備は確かにとても大事なことだ。しかるべき準備をちゃんとしていれば、たいがいのことはうまくいくはずだ。

私は自分が主宰している麻雀道場で道場生に対して、「準備、実行、後始末」が大事であるということを常にいっている。準備をおろそかにしては実行はうまくいかないし、実行がうまくいっても後始末をきちんとしなければ、次の準備で抜かりが生じる。

「準備、実行、後始末」でワンセットであり、その循環をちゃんとすれば、次の「準備、実行、後始末」にきれいにつながっていく。そういう大きな円を描く感覚でいつも「準備、実行、後始末」をきちんとしていれば、おのずと運にも恵まれるのだ。

それでは完全な準備をしたつもりだったのに、本番で失敗した件の人は、どこがいけなかったのだろうか？

その人は完全ともいえる準備をやったというが、果たしてそうだったのか？ということがまず一ついえる。完全なつもりでも、大ごとに発展しかねない小さな抜けを見落としていなかったか。仕事でもスポーツでも、実行という本番は相手が絡むことだ。そうすると自分だけの目線で準備をしてはダメで、相手の目線を取り入れた相対的な視点で全体を見ていかなければ、抜かりのない準備にはならない。あるいは準備は抜かりなくても、実行するタイミングが全体の流れからいって間が悪いということはなかったか。もしくは予想外に環境や条件がよくなくて、実行に悪影響を与えたということはなかったか。

準備が万端であっても、実行の際に悪い要素が潜んでいることはいくらでもある。だが、準備というのはそんなことも想定した上でなされるべきなのだ。

準備をあれほどちゃんとしたのに……といって運のせいにしてしまえば、その人の成長はそこで止まってしまうのである。

「想像すること」を軽く考えていないか ―― 藤田 晋

仕事ができる人は、準備を抜かりなくやる。そこに例外はないと思います。幻冬舎の見城社長はちょっとした接待をするのにも、ものすごく念入りに準備をされます。

見城社長と会食をするときは僕もそうですが、ほぼすべての人がとても楽しく、くつろいだ心地よい時間を過ごされるのではないでしょうか。それは徹底して相手の立場、相手の目線に立って準備された食事の場になっているからです。

店の予約をするのにも秘書を使わず、見城社長が自ら電話をかけて、料理の内容から座席の位置まで細かいリクエストをします。そのほうが店に対して見城社長の会食にかける思いがよく伝わり、いい意味で緊張感を与えるからです。

取引先との打ち合わせや交渉、社内外のプレゼンテーション、顧客への営業活動等々、仕事における準備は、相手があるものが少なくありません。そのとき相手の目線がわかって準備ができる人は、ビジネスマンとして優秀です。

以前、ネット上の誰かの発言で、ビジネスマンには3つの進化過程があると書いているのを見かけました。最初は「自分を相手にどう見せたいか」。これは一番レベルが低い。自分のことにしか目が行っていないので、プレゼンで何かを伝えたい、売り込みたいと思っていても、相手には何も伝わりません。

そこから一つ進化すると、今度は「相手の立場を想像」し始めます。さらに進化すると、「相手から見た自分を想像」できるというのです。

プレゼンを聞くと、そのビジネスマンが3段階のうち、どのレベルにいるかが一目瞭然です。まず長い時間、一方的に話す人は間違いなく「自分を相手にどう見せたいか」というレベルにとどまっています。こういう人はすごい量のプレゼン資料を時間をかけて用意して、プレゼンが終わったら「うまくいった!」というような満足げな表情を浮かべています。ひたすら自己満足の世界にいるので、相手に言葉は届いていません。

次に相手が何を望んでいるのかヒアリングに力を入れながら、それに応えるようにプレゼンする人は第2段階です。相手が何を望んでいるのか想像しようと努力しているということです。

さらに第3段階の力がある人になると、相手の立場を想像した上で、自分に何を期待しているのか、自分のことをどう見ているのかを想像し始めます。そういった人は常に相手から見て心地よい存在となります。

相手のことを想像する力をつければ、仕事はすごくできるようになるはずです。

ところが、想像という能力は誰にでもあるものなので、なんとなく軽く考えてしまいがちです。「想像ができるか、できないか」ではなく、多くの人は「まったく想像していないのではないか」と僕には思えるほどです。

以前、深夜にタクシーを呼んでずっと待たせていた社員を、滅多に怒らない僕が強い口調で叱ったことがありました。それはタクシーの運転手さんが、稼ぎどきの時間帯に長いこと待たされて連絡がない状況をどう過ごしているか、ちょっと想像すればわかることだからです。またレストランに団体の予約を入れていて、前日になって平気でキャンセルした社員も同様に叱ったことがあります。席を確保するために他の予約を断ったことや食材の仕入れなどの損失を考えれば、そのレストランの担当者の気持ちは簡単に窺《うかが》い知ることができるはずです。

タクシーやレストランの人とはもう二度と会わないと思っているかもしれませんが、そういう姿勢は必ず他のところでも表れます。そして自分でも気づかないうちに他人の恨みを買って、運気を下げていくのです。

想像力を働かせて、相手のことを考え思いやっていれば、仕事もできるようになるし、応援してくれる人も増え、おのずと運気は上がっていくと思います。

空気

空気はあえて読むな

桜井章一

「空気を読めない人」を揶揄するKYという言葉がひと頃流行《はや》った。しかし、私は必ずしもKYは悪いだけのものではないと思っている。

みんなが一緒に何かをやっている場で空気を読まず、自分勝手なことを主張したり、行動したりするのは確かに問題だが、「空気を読まない」ことをひたすらダメなことのようにいうのはどうかという気がする。

チームプレイや集団行動が得意な日本人は、元々空気を読むことが得意なはずである。ファッションや食べ物や音楽などでしばしば流行現象が起こるのも、周りの空気に合わせたいという気持ちを多くの人が強く持っていることが背景にある。みんなと共有する空気に敏感だからこそ、空気が読めない人を一層批判的に見るともいえるだろう。

KYという言葉が出てきたのも、社会の同調圧力が強まっているせいなのかもしれない。個人主義が発達した欧米の文化圏であれば、おそらくKYをことさら取り上げて、批判的に見るようなことはないと思う。

個々の人間が守りの姿勢に入って弱くなっている傾向があるときに、社会の同調圧力は強くなるのではないだろうか。つまり、同調圧力が強くなっている社会は、社会全体の活力が乏しくなっているのだ。

空気が読めない人を槍玉《やりだま》に挙げる社会は、危ういものを孕んでいる。たとえば軍国主義の時代であれば、KYな人は憲兵ににらまれたり、つかまって下手すれば命を奪われたりしたことだろう。

周りの空気に合わせすぎると、自分の意見や主張というものが出しづらくなってしまう。そんな土壌では、自由で独創的な発想は生まれにくい。社会が活力を持つには「出る杭《くい》」となる個人がたくさん現れないといけない。だが、空気を気にする風潮が強いと、出ようとする人がいても、その頭を自分で叩いて引っ込めてしまうことになりかねない。

私は、男というのは我が道を自分で切り拓いていくべき生き物だと思っている。空気を気にしてばかりいるような人間は、決して自分の道を歩むことはできない。

空気を読めない鈍感さはまずいが、それをあえて読まない強さは非常に大事だと思う。生き方まで周りの空気に合わせて他人と同じにしなければならない理由など、どこにもないのだ。

周りに合わせない勇気を持つ——藤田 晋

難病の「筋萎縮性側索硬化症《きんいしゅくせいそくさくこうかしょう》（ＡＬＳ）」の研究を支援する「アイスバケツチャレンジ」というチャリティー活動があります。アイスバケツチャレンジとは、指名をされた人がバケツに入った氷水を頭からかぶり、次のチャレンジャーを指名していくというものです。

以前僕は、そのアイスバケツチャレンジの指名を受け、断ったことがあります。

アイスバケツチャレンジの活動は、いまもフェイスブックやユーチューブなどを介して世界中に広がっていて、指名された人の中には有名人も多数含まれています。日本ではソフトバンクの孫正義社長やノーベル生理学・医学賞を受賞した山中伸弥《やまなかしんや》教授もアイスバケツチャレンジをやって注目を集めました。

指名された人はバケツに入った氷水をかぶるか、寄付をするかの選択ができますが、とくに有名人の場合、本人の意思とは関係なく、アイスバケツチャレンジをやらざるをえなくなる圧力があると思います。断ると、「あの人は善意に欠けた人だ」と思われそうだから、仕方なくやった人もけっこういるのではないでしょうか。多くの人は結局叩かれたくないから、社会の同調圧力に屈してしまっているんだと思います。

僕の場合は指名が来たとき、もう活動が十分広がっているように見えたし、インターネット上の同調圧力のようなものにちょっとした反発もあって断りました。

インターネットの普及によって、社会の同調圧力は近年ますます強まったように感じます。ネットの世界では、皆と同じ価値観、同じ意見から外れる人は攻撃されるという、一種のイジメに近いものが至るところで行われています。

「みんなの考えはちょっと違うと思う」と発言するだけで、その人は槍玉に挙げられ、ウェブサイトに非難や中傷のコメントが殺到する「炎上」という事態も頻繁に起こっています。

炎上に加担する人や、多数派の意見にすぐ流されるような人は、つまるところ心が弱いのだと思います。そういう人たちを見るにつけ、人は頭より心を鍛えないといけないなと感じます。

自分と向き合い、何が正しくて何が正しくないか、何が大事で何が大事でないかといった己の価値観を持つことは、人生を歩んでいく上で、もっとも必要なことです。自分にしっかりとした価値観があれば、他人と比較して生まれる価値観など、価値がないに等しいでしょう。己の価値観を持つには心が強くないといけないし、心というものは日々自分と向き合うことでしか鍛えられないと思います。

僕はこれまで自分の価値観を大事にして生きてきたと思っています。就職先を選ぶときも、友達や同級生の大半は名の知れた大企業に入ることが正しいという価値観に支配されていましたが、僕は自分と向き合って、早くから活躍できそうなベンチャー企業に入社する道を選びました。

起業するときは、周囲から「まだ若すぎる」とか「インターネットは商売に向かない」とか散々いわれましたが、自分の価値観から生まれた直感を信じました。あのときみんなの価値観に合わせていたら、現在の会社は存在していないと思います。

社会や世間が醸し出す空気というものに合わせすぎると、その人の存在も「空気」のようなものになっていきます。空気を読みすぎて、実際にその人自身が空気のようになってしまった例を僕はたくさん見てきました。世間の空気に合わせすぎると、個性を欠いた存在感のない人間になってしまうのです。だから僕は、ＡＫＹ（あえて空気を読まない）も大事だと思っています。

多くの人は「空気を読む」ということを、相手に合わせることだと誤解している節があります。しかし、その2つは別の事柄です。いまこの立場にいる自分はどうすべきか、自分の頭で判断するのが「空気を読む」ということです。そこで自分の意見や希望を述べることがなければ、ただ相手に合わせているだけになります。

一方、ビジネス社会ではＴＰＯというものもとても大事です。相手の立場に立って、相手がどう思うか、あるいはどう感じるかということを想像できなければ、その人の評価は確実に下がります。たとえば、社交の場でみんながフォーマルなスーツにネクタイをしているところにTシャツ1枚で現れたら、他人に不快な気分を与えることになります。

空気が読めて合わせるべきところは合わせられるけれど、その必要がないところではあえて空気を読まず、我が道を行く。それができる人は、最強のビジネスマンになれると思います。

不調

不調こそ、我が実力——桜井章一

よくバブル以降の日本経済を「失われた20年」と評する専門家がいる。それは経済の視点から見たものにすぎないはずなのに、あたかも日本人の人生も含めてマイナスだったというニュアンスがどこか感じられる。だが失われた20年といっても、その間も人々はちゃんとした生活をし、その中で喜んだり、悲しんだり、笑ったりしながら生きてきたのだ。人が生きているという現実がある限り、そこに「失われた歳月」などありはしない。人は別に経済のみで生きているわけではないのだ。

しかも、失われた20年といっても、かなり長い間、日本は世界第2位の経済大国であり続けたのだ。それを「失われた」と表現するのは大げさだし、「甘い」と私は思う。

結局失われた20年といっている人は、その前にあったバブル景気で沸いていた頃を基準にして日本経済を見ているのだ。だがバブル経済というのは、バブルという幻想にのっかっているのだから、そもそもそこを基準にすること自体間違っている。

しかし、人は自分の人生においても、これと似たような思考をする。すなわち、絶好調なときを基準にして自分の人生を眺めるのである。

「あのときはあんなに楽しくて幸せだった」「あのときはあんなにモテた」「あのときはあんなに実入りがよかった」等々。いまとあのときを比べて、「なんでこうなってしまったのだろう？」と悔いたり、「いや、いまの姿は本来の自分ではない」と思い込んでしまうのだ。

調子がいいとすぐ浮かれて「これが元々の自分の実力なんだ」と思い上がるのに、逆に調子が悪いと「いや、これは本来の自分の出来ではない」と素直にその事実に向き合わない。

調子がいいときだけが本当の自分であるというのは、頂だけで山が存在しているというようなものである。だが頂だけの山など原理的にありえない。裾野や谷や尾根や頂などがあって山になるように、人も調子が悪かったり、よかったり、波がいろいろあってこそ人生なのだ。

調子がいいときというのは、たまたまそうだっただけなのかもしれない。それなのに、調子がいいときは「実力」だと思い込み、悪いときは「たまたま」というとらえ方をする。

このように人は自分を評価するとき、たいていゲタをはかせているものだ。自尊心や自己愛といったものが、自分のことを高く見積もらせるのである。

だが、どんな形にせよ、不調もその人の実力のうちである。

私は「不調こそ、我が実力」と思うようにしている。そう思っておけば、実際調子が悪いときでも余裕が生まれる。

「とべ蛍　野ら同然のおれが家」という小林一茶《こばやしいっさ》の句がある。自分の家は野良《のら》同然だというのだが、本当にそう思っていれば、家が潰れても、仕事で収入が減っても、あまり動揺せずに済む。

調子のいいときに「これぞ我が実力」と浮かれていたら、不調になったときに慌てることになるし、調子の悪いときに「たまたまそうなのだ」と思っていると、不調の原因を探ったり、そこから具体的に立て直すことがおろそかになってしまう。そうなれば不調をいつまでも長引かせることにもなりかねない。

「不調も紛れもない我が実力」と思っていれば、たとえ調子がよくても浮かれず、反対に調子が悪ければ、それを素直に認めて素早い修正が可能になるのだ。つまり、不調なときを基準として自分の調子を考えれば、運の波もまた安定した変化をするのである。

絶好調は本来の自分ではない——藤田　晋

創業間もないベンチャー企業にも贈られる賞がいくつか存在しています。ところが聞くところによると、大賞を受賞した企業はあまり長く続かず、その多くが何年後かに潰れてしまうといいます。それは賞を与えられたことで、これぞ本来の実力なんだと、その企業が勘違いをしてしまうからだと思います。賞をもらった瞬間からスランプは始まるのです。

賞をもらうのは当然絶好調のときですが、絶好調というのは言い換えれば、勝ちすぎの状態といえます。

ある有名なビジネス書には、「勝ちすぎたことが失敗の原因になっているケースが、実はものすごく多い」ということが書かれています。中身が伴った上で勝ちすぎているなら、そう簡単には崩れないかもしれませんが、勢い余って勝ちすぎた企業や人間というのは、往々にして成長のスピードが速すぎて、基盤がまだしっかりできていないことが少なくありません。

絶好調の状態を自分本来の姿だと思ってしまうと、現実に見合った対応ができなくなります。絶好調なときを基準にするのでなく、未熟な中身というものを基準に考え、行動すれば、その企業や人は軸をブレさせることなく、堅実な成長を遂げていくことが可能になると思います。

僕は18歳で福井県から上京し、最初は神奈川県の「相模大野」という駅の近くのワンルームアパートに住んでいました。事業が拡大するに従って住んでいる部屋は広くなり、いまでは都心にある広い家に住んでそれなりの生活をしていますが、僕の原点は「相模大野」のワンルームであり、いくらラッキーが重なっても、周りにちやほやされても、いつでも自分はあの頃の生活に戻れるという気持ちで仕事をしてきました。

あれから20年以上たったいまとなっては、それなりに自分の中身も成長して、簡単には崩れない基盤もできたし、あの頃の生活に戻るのはさすがに難しいかもしれませんが、基本的な考えは変わっていません。自分のことを過小評価するならまだしも、絶対に調子に乗らないよう過大評価だけはしてはいけないと強く思っています。たいていの人は僕のことを過大に評価してくれるので、必ずそれよりは下に自分を置くようにしています。中にはわざと大きな期待をかけておいて、あとから足をすくおうとする悪意を持った人もいます。

ただ調子が最悪のところに自分の基準を置くと、ネガティブで暗い人間になってしまうので、そこまで卑下《ひげ》する必要はないと思います。

人は自分の評価をどうしても少し高めにしてしまうので、調子のいいときと悪いときの中間よりちょっと下あたり――、つまり普段自分で感じているよりは少し下あたりに自分の基準を置くのが、ちょうど座りがいいように僕には思えるのです。

勝者の役割

負けない1番手の条件――桜井章一

勝負に勝ち続けるのは難しいものだ。麻雀で真剣勝負をやっていたときに、私がどういうことに気をつけていたかをお話ししたい。それは麻雀に限らず、スポーツやビジネスで競合する相手がいるようなケースにおいても応用のきくことだと思う。

トップに躍り出ると、どうやってその位置を保ち続けるかいろいろと腐心《ふしん》する。次はどんな手を打つか。どんな戦略を立てて前に進むべきか。あれこれと考え、行動に移すが、そのとき、つい自分のことばかりにフォーカスしすぎて、追い上げてくる2番手、3番手への対策がおろそかになる人が少なくない。

1番手を維持するには対戦相手のことも視野に収めて、全体観を絶えず持っていなくてはいけない。麻雀の勝負では、私は3番手、4番手よりも、2番手をもっとも攻めるようにした。2番手と競り合って相手を3番手に落とす戦いをするのだ。それが間に合わないときは3番手にも同時に勝負をかけ、3番手の力によって2番手の勢いを止めることを意識してやった。

トップを維持するには、2番手だけでなく、3番手との関係まで意識することが大切なのだ。3番手は2番手が落ちてくれれば、ここぞとばかり2番手を集中して攻めてくれる。そうなると2番手は追い上げてくる3番手に気を取られ、トップより3番手に意識を集中し出す。2番手と3番手が互いに戦ってくれると、その間1番手は余裕を持った戦いができるのだ。

組織などではトップにいる人間が自分の立場を守るために、2番手や3番手を巧みに使うことはよくある話だ。3番手や4番手の人間をあおって2番手と戦わせることで、2番手のエネルギーがそちらに取られ、トップの座はその間、安泰となる。

スポーツの世界でも、1番手が自分の位置を維持しようと、3番手の選手をあおって2番手に意識的にぶつけるのはよくあることだ。

もっとも、そんなことは1番手に余裕がないとできない。トップにしがみつくのが精一杯で、相手を見る余裕がなければ、あっという間にトップからは陥落してしまうだろう。

2番手、3番手同士の争いを導き、1番手が安泰するということの話は、麻雀のように短い限られた時間内での勝負だからこそ、成立しやすいともいえる。たとえば、プロ野球やサッカーの公式戦のように数カ月にわたって戦う場合には、2番手、3番手が互いに切磋琢磨《せっさたくま》し合うことで勢いや力をつけ、逆に1番手の座をおびやかすことはいくらでもある。

もっとも一強多弱という状況は、全体の衰退につながりかねない。1番手に2番手、3番手が肉薄し、抜きつ抜かれつという、互いが刺激し合い磨き合う関係を保つことのほうが、全体にとっては盛り上がるし、いいことなのだ。

1番でいることに囚われすぎず、相手のことも考えながら全体をいいほうへ引っ張っていける1番手こそ、真に優れた勝者なのである。

一人勝ちは損をする――藤田 晋

桜井さんの「一強多弱は全体の衰退につながりかねない」という言葉は、身に沁みてよくわかります。

たとえばある商品のマーケットについて、100を寡占《かせん》している企業があるとします。でもその市場の潜在的な規模は、実際には1000あったりするものです。寡占するのではなく、2番手、3番手の企業と競い合っている状態であれば、1番手の企業は半分のシェアだったとしても500だったかもしれません。競争相手がいる状態であれば、顧客の選択肢が増えるし、切磋琢磨し合う必要があるので、商品が進化し続けるからです。つまり、競争せずに寡占して他社を入り込めなくしていることで、実は損をしているのです。

1番手の会社が市場全体のことを考えて商売をすれば、マーケットは活性化して規模は広がります。

サイバーエージェントは、創業期はサイバークリックというクリック保証型の広告事業で成長し、上場できた会社です。元々はバリュークリックジャパンという会社が先にクリック保証型の広告ビジネスをやっていたところに、後発で事業参入したのですが、それによって相乗効果が生まれました。

当初先方は真似されたとカンカンに怒っていましたが、結果的には競い合いながら市場はどんどん大きくなり、２社とも売上を伸ばすことができたのです。もしバリュークリックが真似をするなと早い段階でうちを潰していたら、市場はほとんど形成されていなかったかもしれません。現にその頃の日本以外の他の国では、クリック保証型の市場はないといっていいほど育っていませんでした。

インターネット業界では、こういうことが度々起こります。新しい事業は「有り」か「無し」かわからないところから生まれ、いくつかの会社が参入して競争すれば、比較されることによって「有り・無し」が「どれにしようか」に変わるのです。

個人の仕事においても同じことがいえます。

目先の利益に惑わされて、仕事の成果を独り占めしようとする人がいます。ところが、こういう人は次第に周りから嫌われて、誰も協力してくれなくなります。短期的には「得した」

「儲かった」とその人は思っているかもしれませんが、長い目で見ると、信頼を失い、非常に損をすることになるのです。

まだ若かった頃、僕の友人が新しく会社を始めるとき、前の会社で自分が開拓したお客さんの名簿を持っていったことがありました。自分の力で開拓したんだから、という理屈です。しかし、それは会社というバックボーンがあってはじめてできたことですから、当時の彼がいったことは正しくありません。

僕は勤めていた会社から独立していまの会社を立ち上げたとき、そういうことは一切しませんでした。すべてを切り離して、ゼロからスタートしたのです。ところが、思いがけないようなところからいろいろな人が協力してくれて、経営をうまく軌道に乗せることができました。出た利益を協力者にも還元し、それが回り回って会社も大きくなっていったのです。

全体を見る目がないと、目先のものに目を奪われ、その先にある大きなものを得ることができなくなります。自分の取り分だけを考えていると、小さく収まって伸びていきません。運がよくないと思っている人の中には、目先の小さな得に執着しているために、そうなっている人もいるはずです。

ムダかもしれないと思えても、周りに自分が得たものを還元したり、与えていく。それがめぐりめぐって、社会や経済活動を活性化していくのだと思います。

あとがき

桜井章一

麻雀を通して若者たちの人間力を鍛えることを目的とした雀鬼会（※策略や駆け引きという政治的要素、金という経済的要素を除いたところで成立する麻雀を打つことを旨とする）を私が立ち上げてから、はや25年の歳月が流れようとしている。

その間数えきれないほど多くの若者たちが門を叩いては去っていった。いまだ記憶にとどめている顔もあれば、忘れてしまった顔もたくさんある。中には、顔は忘れても麻雀の打ち方を見て、「ああ、こういうヤツがいたな……」とふと思い出せるものもいるだろう。

藤田晋君は、そうした若者たちの中の一人である。

忘れてしまったもののほうが多い中で、なぜかある期間道場に熱心に顔を出していた頃の藤田君のことは覚えていた。

私は代打ち引退後、雀鬼流という巣の周りで人生の大半を過ごしてきたが、その後藤田君は巣を飛び立ち、いつしか、いまをときめくベンチャー企業の雄として脚光を浴びるに至った。

これまでも私の耳に実業界における藤田君の華々しい活躍がときおり聞こえてくることはあ

ったが、水と油の立場として、必要以上の関心はまるで抱かなかった。

世間で価値あるものを捨てていった私と、反対にたくさんのものを拾い集めている藤田君とでは住んでいる世界が違うと思っていた。その上で、あの藤田晋が雀鬼会にいたなどといって雀鬼会の宣伝に使わせてもらおうなどという邪《よこしま》な考えを抱くことも無論なかった。私は私、藤田君は藤田君。それぞれの道を歩んでいけばいい。そう思っていた。

だが、見えない不思議な縁がどこかにあったのだろう。

ちっこいものしか持っていない師と、大きなものを持った弟子。まったく正反対の立場にある2人が、今回運の気まぐれなめぐり合わせによってがっちりと手を合わせた。

長い歳月を経て会った藤田君には、昔にはなかった勝負師の風格が備わっていた。それは経営者の最大の使命ともいえる組織の利潤追求を超えたところで、彼が人間として大事なものを鍛え、磨くことを一瞬も怠らなかった証のように私には感じられた。

その点で、政治的な要素、経済的な要素を麻雀から除いて生きてきた私が、ビジネスのチャンピオンになった藤田君とこうして交わったことは、むしろ必然的なものをどこかに感じる。

私がよく知っている幾人かの会社経営者たちは、得たもの、持ちすぎたものの重さに皆一様に苦しみ、悩んでいる。しかし、藤田君にはそうしたものが感じられない。

それは、彼が「得る」とか「持つ」ということを最終の目的としていないからだろう。もし、彼が「得る」とか「持つ」ことに囚われた器であれば、本書のテーマである「運とツキ」はきっと語りきれなかったに違いない。なぜなら、運やツキはそれを強く欲するものには逆にやってこないものだからだ。野心と漂う運とは、まったくの別物でもある。

本書の白眉《はくび》は、藤田君が丁寧に思考を重ね、ときに身を捩《よじ》るようにしながら、私の語る運やツキの話を仕事上の事柄に翻訳している部分にあると思う。その意味では、この本の8割は藤田君の力でできたようなものだ。

これからも藤田君はさらなる高みを目指し、仕事における勝負師として、人として、果敢に前へ進んでいくだろう。雀鬼流の遺伝子のいくばくかがこのような形で引き継がれていくことは私にとっては嬉しい限りである。

最後に藤田君にこの言葉を贈りたい。

「利を嗅《か》いで寄ってくる友は、利を嗅いで去る」

著者略歴

桜井章一《さくらいしょういち》

一九四三年東京都生まれ。大学時代に麻雀を始め、裏プロとしてデビュー。以来引退するまで二十年間無敗、「雀鬼」の異名を取る。引退後は「雀鬼流漢道麻雀道場 牌の音」を開き、麻雀を通して人としての道を後進に指導する「雀鬼会」を始める。『ツキの正体』（幻冬舎）、『人を見抜く技術』『負けない技術』（ともに講談社）など著書多数。

藤田 晋《ふじたすすむ》

一九七三年福井県生まれ。九七年、青山学院大学卒業後、人材サービス会社の株式会社インテリジェンスに入社。九八年に株式会社サイバーエージェントを設立、代表取締役社長に就任。二〇〇〇年に史上最年少（当時）の二十六歳で東証マザーズ上場後、一四年には東証一部へ市場変更。同年、「麻雀最強位」タイトルを獲得。『起業家』『渋谷ではたらく社長の告白』（ともに幻冬舎）など著書多数。

幻冬舎新書 373

運を支配する

二〇一五年三月二十日 第一刷発行
二〇二五年五月二十日 第十刷発行

著者 桜井章一＋藤田 晋
発行人 見城 徹
編集人 志儀保博

発行所 株式会社 幻冬舎
〒一五一－〇〇五一 東京都渋谷区千駄ヶ谷四－九－七
電話 〇三－五四一一－六二一一（編集）
〇三－五四一一－六二二二（営業）
公式HP https://www.gentosha.co.jp/

ブックデザイン 鈴木成一デザイン室
印刷・製本所 中央精版印刷株式会社

Printed in Japan ISBN978-4-344-98374-8 C0295
さ-8-2

＊この本に関するご意見・ご感想は、左記アンケートフォームからお寄せください。
https://www.gentosha.co.jp/e/

幻冬舎新書

桜井章一
ツキの正体
運を引き寄せる技術

ツキは、突然湧いてくると思われがちだが、実は必ず人を選んでいる。麻雀の世界で二十年間無敗の伝説を持つ著者が、場の空気の変化を敏感にとらえ、運の流れを見抜く方法をわかりやすく伝授。

森博嗣
孤独の価値

人はなぜ孤独を怖れるか。寂しいからだと言うが、結局つながりを求めすぎ「絆の肥満」ではないのか。本当に寂しさは悪か。——もう寂しくない。孤独を無上の発見と歓びに変える画期的人生論。

中川右介
悪の出世学
ヒトラー、スターリン、毛沢東

歴史上、最強最悪の権力を持った、ヒトラー、スターリン、毛沢東。若い頃、無名で平凡だった彼らは、いかにして自分の価値を吊り上げ、政敵を葬り、すべてを制したか。戦慄の立身出世考。

原田曜平
ヤンキー経済
消費の主役・新保守層の正体

若者の消費離れが叫ばれる中、旺盛な消費意欲を示すのがマイルドヤンキー層だ。「スポーツカーより仲間と乗れるミニバンが最高」など、これからの日本経済を担う彼らの消費動向がわかる一冊。